打破情緒框架 世界為你讓路

從失控關係中學會對話的力量，
——幸福終究會到站——

游祥禾 總策劃

禾禾商學院師資群 著

關係對話，看見幸福

「情緒」是全人類必須面對的共同課題。很開心如今多了這麼一群國際心理諮詢師，本著對於生命的熱愛，透過他們每一個人多年累積與人對話的經驗，共同出版了這一本書，你們好棒。

當我知道要為這本書寫序時，心中五味雜陳，遲遲無法落筆。這是一份厚重的生命禮物，也是生命的傳承，感謝你們做出的貢獻與幫助。

時光荏苒，這十多年來，我去過了十幾個國家、四十多個城市，四處推廣人們要往內在走，對自己好奇看見、展開探索發現，才能在生活中與人對話實踐，活出生命。

在第一線與數萬人面對面的對話中，時常面臨許多令人心碎、無法想像的故事。我感到難過，意識到自己的無能為力，但也不放棄希望。如今，身邊多了這麼多位天使跟著一起從事助人的工作，這感覺棒極了。

該怎麼想、怎麼說、怎麼做，在我多年的對話經驗中，多數人對於自己的思言行是相當陌生的，導致我們深陷其中。於是，「情緒」與「關係」就是在我們不曾覺察的情況下，一步一步走到現在。

每個人的內心都有一處良善，無論遇到任何挫折、憤怒、仇恨，只要願意靜下來為它注入柔軟，讓它看似堅固的抗拒融化，愛與慈悲將自然運作。

「情緒」就是我們內在的語言。

瞭解了情緒，才能駕馭自己的人生。

你知道嗎，在關係處理上的最大殺手，不是誰不理我了、跑去跟別人好了，真正的原因是陰晴不定的情緒。我們無法控制自己，這才是主因及源頭。即使再深厚的感情，也會在起伏跌宕的情緒中，發生坍塌和改變。

當你把全部精力用於討伐、追問對方，認為你的伴侶、家人、朋友有問題時，先問問自己：我是否在關係中隨意發洩了情緒？我們都好用力的在處理各種關係，從沒停過。

一個人隨意發洩情緒，等同於隨地大小便，惡臭難聞，實在令人難以忍受。「我不同意你這樣做」、「你給我聽清楚了」、「你為什麼沒經過我允許」、「為什麼我不知道這件事」、「你現在立刻給我一個答案」、「這理由我不能接受」……我們像一個受害者似的咆哮、控制，自以為站在絕對真理的一方。最後，對方和別人好去了，你繼續正義凜然據理力爭。

事情當然要解決，關係當然要改善；最後，事情更糟糕，情分散了，關係沒了，但這完全不是我們要的局面，我們在這過程中到底扮演了什麼角色？

我們處理了別人，然後呢？再處理下一個人，永遠處理不完的。製造問題的是躲在我們身軀裡面的情緒，它才是元凶，卻逍遙法外。

花時間處理千萬人，不如只處理一人。

叔本華說：「人生兩大苦，物質匱乏，精神空虛。」

物質匱乏可能一時還能忍受，但精神空虛，卻往往會讓我們的靈魂不安和痛苦，這就會讓我們無法控制住情緒，做出很多出格的事情。

閱讀，能不能讓你物質富有，這要看你閱讀的密度，但肯定會讓你內心變得充實而富足，你能從書中感受到生命的無常與美好。學習是為了自己——讓自己遠離無知，不至於在這個社會裡撞得頭破血流，一不小心還要付出生命的代價。無知的人接受到的信息量有限，完全囿於自己的思考體系，無法認識到自身的局限，就無法做出正確的決策。

不少人執著地想要用自己的觀念揣測、主導別人，這對關係一點幫助也沒有。無知是可怕的，而唯一的治療辦法就是多讀書。書猶藥也，可以治愚。學習很苦、讀書很累，但比起無知所造成的傷害，這一切都是值得的。

所以，不要抱怨學習苦，那是引領你去看世界的路。學習的意義，從來不是你想的那麼簡單。如果覺得學習很苦，或許你可以嘗嘗無知帶來的代價。

感謝存在。過去，只要有人帶給我抗拒，引起情緒的憤怒，我能做出的選擇，大概就是離開這些人，眼不見為淨，井水不犯河水，日子過的倒也安逸。但我知道，這刺還在，只是少了撥動的頻率而已。我的內心一直督促著我，只要有惡念，就要剷除，否則我無法平靜、心安。

這本書我自己紮紮實實、不遺漏的看著每一個字，也細細咀嚼文字底層湧上來的溫柔，就在閱讀間，那根刺看到了它得以化解的契機，在每一位老師溫暖的闡述下，心中那層固執的紗，再次被掀了開來。

文字與對話都深具力量，我從這本書上看到了每一位老師的耳提面命與用心良苦，那是一份真誠的付出與愛，在字裡行間提醒著我，唯有不斷地自我覺察，引導自我回溯至內心的本源，方能再見寧靜與智慧，再次感恩所有的老師們。

人若不能在生活中自我覺察，就會偏離正軌，失去幸福和快樂。但大部分的人，不願意接納珍貴的自己，要把自己變成別人的樣子，過著他人期待的人生，放棄了自己，背棄了自己的生活，我們以為這樣子才能活得愉快，真是如此嗎？

從情緒到關係，透過看見自己的思言行，因為好奇而開始對生命產生慈悲，進而開啟了與人對話，找到人生的目標。我想，這就是幸福。

如果你的關係卡住了、情緒起伏不定、腦袋思緒混亂，或者對未來感到迷惘不安，我誠摯地歡迎您拿起這一本書，跟我們一起身體力行，關係對話，看見幸福。

游祥禾 2020/04/30

Contents

目錄

作者簡介／

1955 年出生於高雄，10 歲遷居台北。人生的第一次巨變，是退伍前母親因幫朋友作保，一夕間三間房子賠光，輪機系畢業退伍後進入德商公司擔任業務經理，引進左岸咖啡塑膠隨手杯包裝概念，帶動現今人手一杯的市場進化，以及醫療注射用塑膠安瓶自動成型充填設備改善安瓶使用的便利。

正在衝刺事業時，妻子卻罹癌，人生再次從雲端墜落，過著照顧癌妻生活。對人生際遇無常產生了研究動機，研習陽宅風水、八字、姓名學，並取得英國 CIP 心理諮詢師證照。透過學習及人生故事的體悟，瞭解個性、情緒對人生的影響。瞭解本質，才能看懂自己；看懂情緒，才能同理他人。

心開自然運開，家和自然興旺。目前從事著述、心理諮詢、風水規劃及流年運勢分析等。

當情緒來臨時 1

文／梁世元

每個人都有情緒來的時候，當情緒發生時我們是怎麼來面對、處理呢？有的沉默不語獨自忍受、有的會大動作弄出一些聲音引起別人的注意，有的會吃東西來紓解，有的會打小孩出氣……每個人面對情緒、處理情緒的方法各自不同，為了避免不好的情緒影響我們的生活，影響人與人、同事、朋友、家人、夫妻情侶之間的相處，我們首先要能看見情緒、了解情緒、關照情緒，進一步處理情緒，到最後的疏通情緒、清理情緒。

當情緒來時，理智線瞬間全斷

當情緒來時，不論遭遇的事情是大是小，都可能使我們的理智線在瞬間全斷，我們先從一位年輕父親失控的故事說起。

某一天我出門辦事，車子停在一所小學的地下公共停車場，停好車正準備離開時，聽到停車場對面傳來非常大的吵架聲音，以音量判斷以為是情侶或夫妻在吵架，擔心他們就稍微聽了一下，原來是一位年輕父親剛接了小學放學的孩子，父親在車外歇斯底里對車內的孩子嘶吼咆哮著，聲音之大，我們可清楚判斷，此時這位父親的理智線已全斷，此時不管他的教育程度如何、開的是不是名貴的賓士車，當情緒來臨時，完全無法有任何的作為。30多歲的年輕父親在公共場所對著不到10歲讀國小的孩子怒斥著、嘶吼著，到底發生什麼事需要生那麼大的氣？我們不得而知，但以常理判斷，10歲左右、剛下課的小學生，能做出什麼大不了的事情呢？最多就是要買東西、吃點心、或想去玩之類的事，再不然就是成績不盡理想，這些對一個10來歲的孩子來說，也都還算是正常會發生的一些小事。可見得，就算是一些小事，當情緒來時的瞬間都能讓30多歲的父親，在瞬間理智線全斷，情緒失控的在停車場咆哮嘶吼，毫無理智可言，更不要說當我們遇到更大、更嚴重的事情發生時。所以，只要**情緒上來的瞬間，不論是大事小事，理智線可能在瞬間就斷光**。

現實社會中我們也經常聽到，因一時的情緒失控做出難以挽回的事，這一切的一切，都是一時情緒造成的。情緒來臨時，如洪水猛獸，如果無法有效的控制、處理情緒，很可能就會進一步造成情緒失控、失去理智，接著就會做出一些難以預料甚至無法挽回的憾事，這些都只是因為一時情緒造成的。新聞中失去理智的社會事件，時有所聞，失去理智後所造成的傷害往往無法挽回，甚至令人終生遺憾，避免情緒就要先來了解，情緒到底是怎樣發生的。

「應該」、「必須」是情緒的引信

從情緒的初起到情緒的爆發過程，「應該」及「必須」是事件的第一現場。

每當情緒來時，我們在第一時間總認為是對方的錯、是對方惹惱了我，而自己受到了委屈、是受害者。情緒的開始是由雙方立場發生對立所開始的，情緒的一方總是覺得自己有道理，我是對的、你是錯的，一切都是以自己的標準來做衡量。

這時心中總認為對方應該如何、必須如何，一旦「應該」、「必須」的念頭產生時，大腦會自動迅速的連結到內心的情緒倉庫，所以「應該」、「必須」是情緒發生的第一現場，就像我們看偵探片或刑事案件，一定要先找出第一現場，才能找出更多的線索與證據。**所有的情緒都是由「應該」、「必須」的念頭開始的，所以「應該」、「必須」就是情緒的第一現場。**也許你目前對「應該」、「必須」還沒能完全的體會過來，但一些話語在我們的生活中是非常熟悉的，例如先生說：「妳應該把家裡打掃乾淨。」或者太太說：「晚餐後你應該要幫忙洗碗筷，還有你穿過的襪子應該自己丟到洗衣機去……」「應該」、「必須」是引起情緒的開始。

曾經諮商過一對夫妻，因為太太懷疑先生有小三而要離婚。離婚只是我們眼前看見的結果，我們必須去探討造成離婚的原因，原因才是事件發生的重點。他們是自由戀愛結婚的，太太家世很好、大學畢業；先生家境不好，專科畢業就必須盡早進入職場賺錢來幫忙家計，婚後也都幸福美滿。但時間久了，太太還是覺得先生學歷太低，鼓勵先生利用工作之餘繼續進修，為了幫助先生力爭上游，太太辭掉工作，出錢出力又打點一切家事，先生隨著個人努力，也一步一步慢慢爬升，多年努力後也終於擔任大公司重要職務。職務變高，工作責任加重、應酬也變多，經常是早出晚歸。日子久了，太太開始覺得自己被冷落、先生不再重視她了。每次接到先生電話說要晚歸，心中就有莫名的氣，想起當年為先生的犧牲付出，覺得先生應該推掉應酬多陪陪她。但先生正是衝刺事業的時機，想要好好把握機會表現，整天忙於工作而忽略了太太的感受，到後來太太就開始懷疑先生的應酬、晚歸可能是有小三，開始整天疑神疑鬼，緊盯著先生。到最後，就是用言語吐槽，當初是如何不顧家人反對嫁給你，當初如果不是我強迫你去進修，又在金錢上資助你，才有今天的成就，你「應該」要懂得感恩，你「必須」了解我的苦心，你「應該」推掉應酬多陪我。面對太太的各種想法及要求，先生也覺得工作忙了一整個禮拜，妳「應該」多讓我休息，我在外面辛苦賺錢養家，男人為事業在外應酬在所難免，妳「應該」多體諒我的辛苦……。

當事件產生「應該」、「必須」想法時，心中的情緒不自覺得就會爆發起來了，因為那是一種被強迫、被指使的認知感受，情緒會自動反彈，因為情緒是一種本能的防衛機制。在太太的言語刺激、精神上緊迫盯人下，先生就更不想回家；太太因為整天無事可忙，生活上太無聊，全部精神都依賴在先生身上，越胡思亂想就越疑神疑鬼，氣氛也就更加緊繃，演變到最後，就引爆了一場離婚情緒。

這一切都是從「應該」、「必須」開始的，當**「應該」、「必須」的念頭產生，大腦會自動連結到內心的渴求或不滿**。要了解真正原因，必須先了解內心。太太從小嬌生慣養，從小到大都是目光的焦點，而現在卻覺得是被忽視、被冷落的，與期待有很大的落差；先生從小生活環境較差，內心渴望能有機會表現受到別人的尊重，所以積極在事業上努力為尊嚴打拼，卻被太太用言語刺激，在精神上備受壓力。至此我們可以發現離婚真正的原因並不是先生應酬晚歸，而是彼此**內心的期待與感受沒有被看見、被滿足，才是情緒不滿的起因**。離婚只是結果，要避免情緒引爆戰爭，我們就要先來了解情緒的起心動念，到蘊釀、到點火引爆的整個過程都是從「應該」、「必須」開始動作的。

其實，先生並沒有小三，只是太太生活太無聊，全部精神重心依賴在先生身上，到後來演變成疑神疑鬼、緊迫盯人，造成先生除了忙於工作之外還備受精神壓力，彼此的內在感受都沒有被看見、沒有得到滿足，都是以自我的應該以及必須在做評斷。溝通不良又忽略對方內心所期待的，進而引發情緒的反彈，這才是離婚真正的起因。應酬、晚歸只是一般表面上所看見的。

事件本身不是問題，我到底在氣什麼？

我們常常會為了一句話、一件事或一個動作而爆發情緒。引發怒氣往往來自價值觀及生活習慣的不同，但我們當下都以為，情緒爆發是事件的本身而起。

譬如，先生答應晚上會準時下班回家吃飯，妳因為期待晚上的燭光晚餐而開心一整天，但先生臨時要開會加班，無法準時回家，此時妳的心情瞬間從開心到失落。一旦期待落空，心中開始生起怨恨、猜疑，越想就越氣，情緒開始波動，然後一股腦的把對方所有的缺點放大，把先生曾經承諾過沒兌現的事也全部都重新翻出來檢視。結果越想越氣、越想越委屈，表面上看起來是先生答應陪妳吃飯這件事沒兌現而生氣，但真的是這樣嗎？還是內心深處的「被強迫接受」的情緒而生氣。

我們經常為事件爭個你死我活，但過了不久就想不起來，上次到底為了什麼事爭吵的。各位是不是也有這樣的經驗？你還記得上次吵架到底是為了什麼事嗎？想不起來究竟為什麼事而吵，就代表事件本身並不是那麼的重要，那妳有沒有想過，妳真正氣的是什麼？為什麼妳覺得委屈？委屈又來自哪裡？其實**事件本身不是問題，問題其實來自過往生活中內心的情緒記憶。**

情緒的源頭才是火藥庫

前面講到「應該」、「必須」是引爆情緒的引信，但光有引信還不足以讓情緒爆炸，爆炸必須要有火藥庫，火藥庫就是內心情緒的源頭，就是我們成長過程所經歷的生活記憶，心理學上所謂**「情緒程式」**，也就是在你的**成長過程中曾經遭遇某種強烈情緒反應所留下的記憶**。

這段記憶，會自動吸引類似的經驗來到你的生命裡。當你再次經歷這些類似的經驗時，你的內心就會自動的產生相同的情緒，每個人經歷的強烈情緒反應都不相同，有的是受虐情緒，有的是強迫接受的情緒，有的是性侵的情緒，有的是被霸凌的恐懼，這些就是過往經驗中所累積的生活實況，也是每個人從小到大的生活腳本。

每一個不美好的記憶就是一顆地雷，生活記憶裡所累積、堆放的地雷越多，爆炸的機率與規模就越大。我們內心其實充斥著各式各樣的地雷，當情緒被觸動時，大腦會迅速自動的去連結內心過去的生活記憶，一旦不美好的記憶被激起，就會立刻產生情緒波動，若情緒的波動沒有適切處理控制，一旦觸動地雷，就會產生情緒爆炸。

那，我們該如何避免引起情緒地雷爆炸？

覺察與關照

避免情緒爆炸最好的方式，是去覺察與關照。

情緒不是靠壓抑來降低發生，壓抑只會創造更多的情緒壓力，覺察是一種看見、知道的概念，看見可讓我們第一時間看到、感覺到情緒正在開始不舒服了，知道情緒正在醞釀，這個時候就是一個至關重要的關鍵期。它的反應會自動連結到情緒的源頭，情緒發生的速度是立即的、不用一秒的時間，這段時間是決定情緒是否持續擴大或降溫的轉變點。

為了能爭取時間，讓時間放慢，覺察可以讓我們感受到，胸中有一股忿忿不平的熱流正蠢蠢欲動、準備脫口而出，就像我們看到引信被點著冒著煙的瞬間，火苗正要沿著引線燒向火藥庫。當覺察力變得敏銳時，我們可以清楚看到引線燃燒的過程，就像在看慢動作影片似的，清楚看見每個動作環節，你就會本能的去踩熄火苗。

所以，當我們覺察到情緒的當下，可以先做三個深呼吸，讓情緒暫停，不要直接連結到內心的火藥庫。此時先去了解，並再次確認對方真正的意思、而不是用自己的立場去解讀，也許就可避免很多誤會的產生。

為了更徹底避免情緒發生，情緒的疏通也很重要。關照，是一種由高處俯視由外往內看的概念，透過「觀照」去看見「應該」、「必須」情緒背後的動機，去了解那些源自生活中的不美好記憶是如何形成的。例如：不被尊重、不被認同、對情感的依戀、希望被重視、對強權的不滿……等，這些往往是內心底層的地雷。透過關照了解情緒背後的動機，重新定義並疏通情緒，當情緒的地雷被疏通、清除了，就不容易有爆炸事件了。

人生千萬不要被情緒綁架

生活中難免會有一些不美好的記憶，例如：期待落空、情感受傷、婚姻失敗、關係凍結……等。人生難免會有挫折，挫折是來歷練我們的，是讓我們能成為更好的自己。就像嬰兒學步，跌倒了再站起來，重複練習就會熟練，熟練後就有更寬的視野看世界。

很多人生活中不自覺會受到情緒綁架，因為情緒的不滿，家人從此不再說話、親子關係如陌生人、夫妻不再甜言蜜語，更甚者孩子先生不想回家、家庭氣氛凍結等。一旦受到了情緒的綁架，就像套上了無形的枷鎖，這樣的氛圍如何讓孩子快樂學習成長？先生事業如何興旺？太太如何開心的持家照料家事呢？

我認識一對夫妻，結婚的第二年，太太剛自行創業不久，原本充滿雄心壯志準備迎向美好人生，卻不幸被診斷出癌症三期，雖經過積極治療與調養，從此內心充滿失落、恐懼與不甘，心中開始有怨，凡事都看不順眼，生活中常對先生怪罪東怪罪西的挑毛病。口角在所難免，好像癌症都是先生造成的，是婆家對不起她，漸漸的就形成一種情緒綁架。最後，先生對回家產生抗拒，總是拖到夜深時分，這樣的氛圍令人窒息，彼此之間只有怨懟、怪罪，家失去了歡笑，也失去了溫度，家被癌症的無形情緒綁架著。

透過東方心理學，當看懂本質、看懂關係，我們能更認識自己，就更能同理對方情緒背後的行為，就能同理對方所有的怪罪、干涉，其實都是透露出對生命的恐懼與討愛的渴望。內心的期待，是希望能隨時被呵護、被關注，而我們卻總認為對方的一切行為都是在找麻煩、挑毛病。

一旦被情緒綁架、關係被定調，我們就無法看清隱藏在情緒背後真正的意圖，而錯失了彼此溝通與諒解的機會。整個生活淪陷在情緒的糾結與關係膠著的矛盾中，喘不過氣，現今社會充斥著各式各樣的情緒綁架，如家暴家庭、強勢的單親家庭、背叛的情感、親人遭受意外等等，都很容易不自覺陷入無形的情緒綁架漩渦中。

另外，生活中經常可見的是，在爭吵的過程中，為了增加氣勢，常會用各種言語去責備、傷害對方。架吵完，氣會經過時間慢慢消去，但吵架時，失去理智說出的話，卻猶如射出的箭，最容易刺穿人心，也造成無形傷害。就像釘子釘過的木板，事後就算把釘子拔掉，但被釘出的傷口永遠存在著，無法消除。不管經歷多少時間，已形成的傷口很難癒合，傷疤會永遠繼續存在並隱隱作痛。所以，特別要提醒，在情緒戰爭中絕對要避免一時口舌之快，造成言語的永久傷害。

若能了解情緒整個運作過程，當情緒來臨時你就能輕易的掌控處理，讓情緒在第一時間就被化解。

愛，可以化解一切情緒。

愛是什麼？各位想不想知道！愛其實可以很簡單，**愛就是欣賞自己的男人，愛就是寵愛自己的女人**，當你把你女人當皇后，你自然就成了國王；你把女人當成珠寶捧在手上，女人就會如珠寶般依偎在你的手心，感受著你的溫柔。

女人要的其實不多，她們只需要你多些關心、多些寵愛；男人也要的不多，他們只要妳多給予尊重與肯定，他會願意把江山都給妳。

作者簡介／

林偉盛，在東方心理學九年多的學習中，與人對話的過程裡，發現情緒是一個多數人難以掌控，卻又必須解決的困擾。最關鍵的原因是，我們沒有在情緒產生時，正視它在我們生活中，所刮起的風暴有多驚人！
是人都會有情緒，只是我們如何學會與情緒共處，就成了一件值得學習的事情，不管令你開心不已的好情緒，還是讓你沮喪難過的壞情緒，都牽動著我們的世界。
透過這篇文章，讓你看懂「停止反應」能為我們擋掉多少紛爭、免掉多少不必要的情緒風暴！

當情緒來臨時 2

文／林偉盛

「指責」是一個好的情緒還是不好的情緒？應該是屬於不好的情緒偏高。我們不喜歡被人家指責，但我們會不會指責別人？答案是：會。

「高興」是不是一個好的情緒？多數人應該都認為是好的情緒居多。大家都喜歡開心，像是有連續假期可以放，就會非常期待、超級開心。所以，高興是一個好的情緒。

情緒百百種面貌

我們希望好的情緒降臨在我們身上，讓自己的身心處在愉悅的狀態。好的情緒可以比喻為吃甜點或大餐，你吃進嘴裡，那個美味的感覺，會覺得「哇～天啊！好好吃唷！」，即便過了好些時間，還是讓你非常懷念。這就是好的情緒所帶來的愉悅感、幸福感，覺得眼前看到的一切事物都是可愛的、美好的。

反之，負面的情緒，可能會引起我們心裡一些波動。比如說，在負面情緒出現的時候，你可能會覺得心裡很沮喪。像是「憤怒」的時候，你會覺得為什麼別人都這樣對我、為什麼我要受這種鳥氣。心中有無止盡的「為什麼」浮現出來，就是腦袋裡想著「應該」跟「必須」，讓我們用自己的價值觀，去評斷別人所做出的行為。

有情緒好的時候，就一定會有不好的時候。當情緒不好的時候，你會怎麼處理？可能會透過言語的表達，或是透過一些行動，去宣洩我們內心的情緒，讓它有個出口。但是在宣洩完之後，有沒有試著去找出，讓內心情緒由原本一池平靜的湖水，變成滔天巨浪侵襲而來的原因是什麼？

多數人只會記住當下情緒所帶來不舒服的感受，但是卻忘記去找出引起情緒的原因是什麼，當同樣的事情一而再，再而三的發生在自己的身上時，只會想到：「我怎麼會那麼衰，這種鳥事別人都碰不到，偏偏我就是不停遇到。」原因來自於，我們並沒有看懂引起情緒的原因到底是什麼。

情緒，它是一種結果，是一種外顯行為，是我們眼睛看得見的，心裡感受更是強大的，但是我們想解決情緒干擾的前提，是要去找出引發情緒的「原因」，到底來自哪裡？引起我們不開心情緒的背後，原因到底是什麼。就像感冒去看醫生，醫生一定會細細地詢問，你哪裡不舒服？多久的時間啦？有什麼症狀呢？會透過層層的抽絲剝繭，去找出可能是感冒、腸胃炎、或是其他的病症，才能對症下藥。而想要解決情緒的干擾，我們也要層層思考，引起我們情緒的原因到底是什麼，才能停止無限的迴圈。

在此想要問一下正在閱讀本書的你，引發你不開心情緒的來源，可能會有哪些？可能是工作、或來自於家庭、來自於朋友，有很多很多引發的點。大家有沒有好奇去想看看，引發你情緒的原因是什麼？現在，就帶著大家一起來探討，那背後的終極祕密。

情緒從何而來

「事出必有因」，情緒當然也是一樣。最重要的核心，來自於「我的感受沒被看見」。講到這裡，讓我想起了一則新聞。在中國湖南，有一名20歲的男子，在家鄉的大馬路上，攔下了他的國中老師，然後當街打了這名老師好幾記耳光，影片流傳到網路上，引起一陣討論。

這名男子事後被公安帶回訊問，怎麼可以當街公然動粗？這名男子娓娓道出，在他13歲就讀國中的時候，當時家裡沒錢沒勢，所以每天被老師腳踩著頭，這樣賞了好幾記耳光，這件事情讓他耿耿於懷，形成他心裡的一個陰影。過了這麼多年，終於讓他找到機會，遇到這名霸凌他的老師，當街攔下他「以其人之道，還治其人之身」。

雖然大家紛紛留言「君子報仇十年不晚」之類的論述，但是從這件事情我們來推敲，這名國中老師的暴力行為，對這個學生來說，已經是發生在他13歲的事情了，但是到他20歲的時候，經過了7年，他內心那個怨恨的情緒還留著，並沒有隨著時間的流逝而淡忘。

所以我們可以知道，如果「感受」沒有被看見，它所帶來的情緒，是會隨著時間的增長，可能是削減，也有可能是增加，所以我們的情緒來源，會是因為「感受」的部分。

情緒扼殺了興趣

講到這個老師與學生的例子，也讓我想起之前跟一個與高中生對話的故事。他是再過不久即將畢業的高三生，面臨未來該繼續升學，還是就業的抉擇。我問他：

「你是念高中還是高職呢？現在學校學習的專長是什麼呢？」

他有點靦腆的回答：「我是練跑步的，我是一名田徑運動員。」

聽完之後我覺得還蠻不錯的，因為可以像林義傑、陳彥博、楊俊瀚等運動選手，用自己的雙腳可以跑出一片天，也是非常值得高興的一件事。但這時的他，臉上沒有露出開心的笑容，而是冷冷的說了一句：

「我現在沒在練習了……」

對一名田徑運動員來說，「跑步」就像吃飯、呼吸一樣自然，突然停止練習是很奇怪的事，於是我問了他：「怎麼會突然停了下來呢？」

這時他看著我說：「因為在那裡，我找不到成就感。我的教練，對我就是呈現一種愛理不理的狀態，每次只會用『你就是跑不快』、『怎麼練怎麼都是這樣』，種種不好聽的話來罵人，這樣的環境我很不舒服。」

在他的話語中看出了憤怒和無奈，因為教練的情緒，儼然成為澆熄他熱情的那桶冷水。看著他有些沮喪的臉孔，我告訴他：

「我們換個角度來想，其實教練是發自內心希望你的跑步成績可以更好、狀態再往上提升，只是他用錯了方法。他用了指責、批判、就是很多人都曾經歷過的那種言語上的羞辱，希望透過這樣的『負向激勵』方式，讓你可以變得更好。但這樣的方式，引起了你內心感受的不舒服；換個角度來看，你擺爛的行為，故意不練習、吊兒啷噹的態度，也引起教練的不舒服，你有沒有看見教練心裡的感受？」

從這個故事來看，兩個人互相用「情緒」在互相攻擊，卻沒有看懂背後的「感受」。兩個彼此針鋒相對的人，如果沒有一方先暫停情緒的攻擊，那麼這個互相批判的過程，只會像龍捲風般越捲越大。所以我們必須看懂引發情緒的背後，是「我的感受」沒有被看見。我們都是希望為對方好，但是用錯了方式，可能就會變成反效果。

接下來要探討的是「你的期待會變成影響你情緒的來源」。比如以剛才的例子來說，他的期待是我希望被教練看見我的能力，可以派我上場為團隊、為學校爭取好成績，但是跟自己所想的不同，所以就產生了不滿的「情緒」。後來，我告訴這位同學：

「不論你之後有沒有要繼續在跑步這個領域持續耕耘，但是往後在每件事情上，你都要先看懂自己的『感受』是什麼。你得看懂自己的感受，而不是用情緒去解決問題，因為雙方都拋出情緒針鋒相對的時候，事情只會越變越複雜。」

我們要先看懂背後那個感受的原因，才能去解決情緒的問題。

或許有些人會想說：「要是我在現場無法忍住這口氣，我真的控制不了，那該怎麼辦？」

這時，我們要學著，讓情緒冷卻。

讓情緒冷卻

如果你是貓舌頭或是貓手，也就是怕燙的人，當你今天點了一碗熱湯或是拉麵，送來的時候，你會怎麼做？先攪拌等涼一點再吃、加冰塊讓它降溫等等，每個人會用的方式其實都不一樣，但是目的都是想要讓它「冷卻」下來。把這個原理套用到情緒出現時，其實也需要找到某些方法來讓它冷卻一下。

那關於冷卻情緒，大家會用什麼方式來做呢？時間戰術？走路？離開現場？抽離？其實每個人的方式都非常對，就是暫時先放下可能讓情緒繼續升溫的環境。而要讓情緒冷卻的第一步，必須先從觀察外表的言行開始。為什麼要從這個步驟先呢？我們來舉個例子探討一下，或許會更清楚。

比如說，今天一個人站在你面前一句話都不講，然後臉部沒有表情，你可能會覺得這個人很難相處；如果今天換做是個笑臉迎人的人站在這，你會覺得比較好接近一些。為什麼要先從觀察言行開始，因為「言行」這兩個字，代表的是「你所說的」以及「外顯的行為」，是給人感受最直接的部份。所以在處理情緒之前，我們要先從「說出來的話」是不是好聽的、中肯的、讓人舒服的；還是言語表達中是挑剔、帶刺的、有攻擊性的。「臉部的表情」，是像剛打了肉毒桿菌一樣，一動也不動；還是像彌勒佛一樣，笑口常開，笑臉迎人。這個外表呈現的言行，就是真實反應了我們內心的情緒。所以從觀察言行開始，是冷卻情緒的第一步，也是最關鍵的一步。

如果你看得懂自己的情緒，能夠發現你的言行舉止，已經快被情緒給佔據，若能觀察到自己行為改變時，就能避免情緒的產生。

但如果透過第一步還是無法察覺自己的情緒，那該怎麼辦呢？我們可以從「放慢說話的速度」以及「降低音量」做起。大家可能有聽過一句話，「從你嘴裡說出來的東西，代表了一個人的修養。」比如說，平時的我就是一個會口出惡言、別人批評我一定要反擊的人，在面對指責批判的時候，一定當下馬上就會反擊，這樣用言語的方式再度激怒了對方，那個情緒的漩渦只會越轉越大。

鄉土連續劇中常有爭吵的橋段，雙方除了比誰講話比較大聲，還要比誰的說話速度快，就像連珠炮一樣劈哩啪拉的，讓人完全沒有喘息的空間。在這樣的狀態下，只會為彼此的情緒火上加油、越燒越旺。

所以當我們發現情緒已經上來了、抑制不住的時候，可以先從放慢講話的速度，來避免一發不可收拾的情緒風暴。面對言詞犀利、聲音分貝提高的攻擊時，如果只回覆「喔」、「恩」、「是喔」這些詞彙，然後臉上還帶著微笑，試想著在這樣的情況下，一個氣沖沖的人，遇上一個冷處理的人，這樣的情緒怎麼吵得起來呢？降低說話音量、語調、速度，也是避免讓情緒駕馭理智的一大妙招。

接下來，我們要觀察自己的臉部表情，到底是以什麼樣的狀態呈現在別人面前。不知道大家有沒有聽過：「你臉部的表情，就是反應你內心情緒最好的一面鏡子。」即便當下你心裡不爽卻不說出來，但是你的臉，已經反應了你最真實的心情。你內心是喜悅、開心的時候，你就會用笑臉來面對別人；但是當你內心憤怒、暴躁的時候，就怎麼笑都笑不出來，就連硬擠都非常困難。所以古人說「相由心生」，真的很有道理。我們可透過降低說話速度以及觀察臉部表情，來降低我們可能受到的情緒干擾。

有句話是這麼說的：「一個有智慧的人，是當情緒來臨時，他不會被情緒牽著鼻子走，而是先跳脫當下的空間。」我們可以用一個很宏觀的角度，來思考當下面臨的情緒問題，如果能夠有這樣的思維，情緒對我們的生活所產生的干擾，就會減少非常多。

情緒可怕，卻也不可怕

談到這裡，你覺得「情緒」，該被歸類在可怕的那一邊，還是不可怕的那邊呢？或許每個人切入的角度，和思考的面向都不一樣，所以分類也就不同。但我會把它歸納為，情緒其實「可怕」，但是也「不可怕」。

若從可怕的角度來說，是我們看到對方的情緒反應之後，也會隨之起舞。就像對方挖了一個情緒的陷阱等著你跳，沒想到你還真的跳下去，兩個人在情緒的漩渦裡，不停的爭吵和辯駁，讓情緒強化了內心的憤怒與不平，同時過去一些不愉快的記憶，在整個情緒起伏的過程中，又再一次被喚醒。所以，在這樣的過程中，只會讓情緒變得更大，怨念變得更深，最後養成了一種「慣性反擊」的習氣。

在情緒引發的爭吵行為中，只要我贏了一次，就會想要再贏第二次，讓對方啞口無言，也就會有第三次想要在爭吵中佔上風的念頭。一但養成這種習氣，就會成為了一種「習慣」，也就是在所有的爭吵過程中，我一定是贏的那一方。久而久之，身上就會透露出一種「忿忿不平」甚至是「憤世嫉俗」的氣場，也就沒有人願意靠近你。

那麼，怎麼說情緒其實「不可怕」呢？如果，我們面對情緒風暴來臨時，能夠淡定以對，不亂了陣腳，以「冷靜」的情緒去回覆對方「高亢」的行為。不跳進去對方設好的情緒陷阱裡，我們可以透過大腦的思緒與思考，去反思：「為什麼今天對方會這樣指責我？是哪裡出了什麼錯嗎？」

譬如說，今天對方指責你「不講道理」，這是一個結果，但是沒有因為對方的指控而產生情緒的反擊的時候，你就會開始在腦海中反思「我有真的不講理嗎？」如果有的話，我們把對方的指責視為一個提點，去做一個反思，「我是不是讓別人不舒服？」不用情緒的方式去處理它，而是想著未來如何避免再成為別人口中那個不講理的樣子。如果，他口中的指責是你沒有的，就把它當成一種提醒，避免自己成了對方口中那種不講理的形象。在這樣的過程中，我們會養成一種理性處理情緒的智慧。

所以面對情緒可怕也不可怕的界線，在於自己的「心態」。怎麼樣去面對情緒，這就是可怕和不可怕的分水嶺。

看破卻不說破的情商

情商就是我們一般所謂的「ＥＱ」，如何看破卻不說破呢？我想用一段文字來闡述。

「當別人的話語，觸發了我們內心的悲傷與憤怒，當下我們會很自然的反擊。總以為反擊能夠讓自己好過一些，然而，反擊所帶給我們的滿足感，並不持久，甚至會在事後讓我們感覺更糟。」──游祥禾《人生使用手冊》

我們在言語的辯論上，贏過了對方，但是在行為處事給人的觀感上，卻是一個輸家。別人因為一次又一次，看見你在口語上那種得理不饒人的模樣，在心裡默默的幫你貼上「這個人很難相處」、「脾氣很糟」的標籤。如果不想變成這樣的話，我們可以試著從情緒中稍作喘息。

透過深呼吸，暫時離開現場，不讓心中強烈的情緒繼續翻滾，不再絞盡腦汁想著如何在這場爭辯中贏得勝利，或者要用什麼言語來反擊對方的指控，只需要用「正念」來觀照你痛苦的感覺，用心感受並探求整件事情的原貌。

當我們可以做到這般的修養，我們自然不會再陷入情緒的沼澤裡，爭得你死我活，讓自己全身都是讓人不想靠近的負面能量。反之，我們可以靜下心去觀察自己的思、言、行，是否受到情緒干擾，越能時時自省，越能讓自己不斷提升。

「看破不說破，是最高的修養」，用這句話作為這段總結。

其實面對情緒，我認為並不可怕，但是要看懂引發情緒背後的原因是什麼，如果我們能看懂情緒，找到那個誘發的源頭，我想很多事，我們就能不心煩氣躁，反而能靜心以對，可以更加理性去看待發生在我們生活週遭的每一件事情、每個情緒、每個人的批評。

在不斷調整之後，我們身上所散發出來的特質，是給人舒服的感受，情緒就不會再困擾著你。

作者簡介／

人的一生中，面對著各式各樣的關係：父母、親子、伴侶、朋友、主管、同事等，這些都是與我們密不可分的關係人。我們希望每一段關係能呈現舒服自在的狀態，那麼你目前喜歡與這些關係人的相處模式嗎？

一段美妙和諧的關係，如同一曲美麗動聽的旋律，讓人忍不住翩翩起舞，但從什麼時候開始，我們譜出的樂曲，從舒服悅耳變成恐怖驚悚甚至是惱人刺耳，讓人想要按下靜音鍵，逃離這失控的關係呢？

看懂你的關係怎麼了、聽懂關係人沒說出的祕密，重新為失控的關係譜出新的樂章。

失控的關係

文／**施皇任**

你曾面臨失控嗎？不管是自己失控的當下、抑或是經歷著他人失控的場面，在面臨失控的當下，你的感受如何呢？

失控，顧名思義為超乎控制的失序行為，例如前一章所提到的「當情緒來臨時」，若情緒無法在當下控制住，最終即會導致情緒的失控，即便是購物的過程中，不小心買了太多，比當初設下的購物清單還多出了許多額外的物品，這即是購物的失控。那麼，關係呢？你們認為關係是否會失控？或者你是否正處於一段失控的關係當中呢？

失控關係的樣貌

曾經有一位跟我年紀相仿的男生來找我諮詢，他長相清秀、有著書生氣息，這是我對他的第一印象。與他的諮詢過程相當舒服順暢，直到談及他的家庭、父母，他的臉色突然一沉，說著他是在一個失控的家庭長大的，接著慢慢說出他的故事。

在他小時候約莫是幼稚園大班的年紀，最害怕的事情就是在熟睡的半夜裡，聽到家裡大門打開的聲音。因為在那瞬間，他知道他的爸爸回來了，接著聽到媽媽大力地打開房門，大聲咆哮著：「你到底跑去哪裡，你知不知道現在幾點？為什麼打給你都不接？」接著聽到兩人大吵的聲音，甚至出現玻璃碎掉的聲音，因為碗盤成為了他們洩憤的工具。某一次爸爸回來時，他沒有鎖上房間門，他的爸爸衝進他的房間，拖他下床毒打了他一頓，從那次起，只要在半夜時聽到家裡大門打開的聲音，他會立刻衝去將房間門鎖上，躲進棉被裡。他當時跟我說了一段話，我直到現在仍記憶深刻，他說：

「小時候的我不懂失控這兩個字的意思，但我知道什麼叫做天使與魔鬼，在那當下，我只覺得我的爸爸，就如同魔鬼般的存在。」

對一個懵懂的孩童，不懂得太多艱深的用語，但面對失控的爸爸，就如同看到魔鬼般一樣的可怕。你們是否曾經失控？在那失控的場面底下，對一個第三者而言，就如同魔鬼般的一個存在。在電視上我們最常看到一個關於失控的廣告例子，「這不是肯德基！這不是肯德基！」我們是以一個旁觀者的角度看待這個廣告，所以看到時忍不住發出會心的一笑，覺得這廣告真是有趣，但如果某一天你的兒子因為你不買玩具給他而在地上打滾，或是你的另一半因為你約會遲了幾分鐘而對你大發脾氣，你還會覺得這一切好笑嗎？這些失控的對象，在你心中幻化成了魔鬼。

頻率不同調

那關係呢？關係是如何奔向失控的呢？最初的源頭都是從這個點出發的：頻率不同調。那麼，什麼是頻率不同調呢？

舉個例子，有一天小明滿心喜悅地回到家，很興奮的跟老婆說：

「老婆，今天小美跟我說最近上映的某部電影很好看耶！我們找個時間一起去看好不好？」

突然小明的老婆臉色垮了下來，反問了小明：

「小美是誰？」

小明帶著些許的怒氣回答：

「我只是想問妳要不要找個時間去看電影！跟小美有什麼關係？」

小明老婆更生氣的回應：

「那你為什麼不告訴我小美是誰啊？」

頻率不同調，指的就是雙方的價值觀及在意的重點完全不同。例如上面的例子，小明在意的重點是「看電影」，而小明老婆在意的重點是「小美是誰」，雙方在意的重點不同，並且各執己見，最後導致雙方情緒來臨，進而接著就會演變到下一步：爭奪我對你錯的戰爭。

小明帶著怒氣回應：

「小美只是我的同事，這到底有什麼好在意的啊？」

他的老婆也帶著情緒回覆：

「那你剛剛為什麼不說！是不是有鬼？」

關係，也因此開始奔向失控。

在前面的篇幅提到的案例，父母親在他的童年記憶裡，如同魔鬼般的存在，在後續的諮詢過程中，他說出了在長大後，漸漸看懂了父母成為魔鬼背後的真正原因。

他的爸爸是自己開業當老闆的，是傳統產業相關，然而隨著時代變遷，這個社會與大眾對這個產業的需求逐漸減少，有時甚至整個月都沒有任何客戶，是逐漸沒落的夕陽產業。他的爸爸也因此有著極大的壓力，一個人要負責工廠的營運、負擔底下兩個員工的薪水以及扛起一個家的家計，他的爸爸排解壓力的方式，就是找三五好友聚會喝酒，抒發內心所積累的苦。

而這位男生的媽媽，在他的爸爸前腳跨出家門五分鐘後，即開始奪命連環叩「你人在哪裡？」、「是不是又跑去喝酒？」、「為什麼小孩都是我在顧？」、「為什麼你可以把這家放著不管？是男人就要好好照顧家裡！」

爸爸任何的回應都換來連環炮似的指責及批判，最後索性將手機關機，這樣的行為讓媽媽更加爆炸，以至於後面失控場面的發生。

媽媽在意的重點是，男人晚上就該待在家、好好照顧家裡，而爸爸則是希望能夠在晚上跟三五好友聚聚，排解平常工作的壓力。雙方的觀點都沒有錯，只是看待事情的角度不同，接著兩人爭奪自己才是正確的那方，一場名為失控的戰爭，即刻引發，最後影響了無辜的小孩。

夫妻關係失控，小孩也會跟著受到牽連；主管與下屬之間的失控，影響到整間公司的風氣。失控的場面，影響的不只是失控的雙方，更容易波及到周遭無辜的人們。

令人窒息的高壓控制

還有幾種方式也很常導致關係的失控，第一種為「令人窒息的高壓控制」。大家會想說高壓控制，怎麼反而導致失控呢？舉個例子，若你將橡皮筋拉到最緊，最後的結果不是斷掉、就是彈得更遠。

高壓控制最常發生在親子關係。父母打著以愛之名、我是為你好的名義，卻是對小孩施以無形的高壓管教。這樣的方式，往往導致小孩成為一個沒有主見的人，或是小孩極欲逃離父母的掌控，致使親子關係變得冷漠。

我在 2015 年參加了一場朋友的婚禮，那場婚禮中我被安排在長輩桌，周圍全部都是叔叔阿姨，當時心想，怎麼我被安排在長輩桌呢？所幸婚禮開始約半小時後，有另一位年紀跟我相仿的男生也被安排到這一桌，恰巧就坐在我旁邊。我們開始聊了起來，聊了彼此是怎麼認識新郎新娘，以及彼此的工作。他是一個笑聲非常爽朗的男生，而後，我跟他要了人生使用手冊，打開的那瞬間，我看到了某個問題點，但我心裡明白，還不是說出這個問題點的時候。於是我剖析了他的特質、聊聊他的感情狀況。過程中我們聊得非常愉快，我心想應該是時候了，我向他詢問了：「你的家庭狀況如何呢？」就在那瞬間，他的臉垮下來，接著說出一句話，這句話搭配他的表情，我直到現在仍記得一清二楚，他說：

「我恨透了我的爸媽。」

他從小被父母嚴格的管教，任何一科成績不到90分，一分打一下，我猜大家心裡會想，這有什麼，很多人都是被打大的啊，但這位男生他被父母打的方式有些不同。他是在大馬路旁、上衣脫光被打，目的就是要讓他感到羞愧跟丟臉，並且在打的過程當中，一直向這位男生說：「這麼做都是為你好啊，為了讓你以後出人頭地啊！」但他從小就開始思考著：「到底是為我好，還是為了你們自己好？我好討厭這個家。」

在考大學時，他志願故意填選了離家較遠的學校，錄取的學校出來了，這個男生得償所願，這間學校離家裡約三到四小時的車程，一開始他的父母非常反對，叫他重考，考回自己家鄉的優秀大學，而因為他錄取的科系是醫學院，他向父母說：「如果重考，我明年可能考不上醫科。」最後爸媽妥協了，也開始了他的大學生活。

在他就讀大學的第一年，他談了一場戀愛，但是在他前往就讀之前，他的爸媽立了約法三章，其一就是不准談戀愛，所以這場戀愛他非常小心翼翼，收到任何簡訊會立刻刪除，就怕不小心讓他的父母發現他正在談戀愛。有一天他回了家鄉，晚上洗澡時，他把手機放在客廳的沙發上，他的女朋友傳了訊息給他「寶貝，我好想你喔，你在幹嘛啊？」他的爸爸看到後非常生氣，直接衝進廁所，不顧他的兒子正全身光溜溜的洗澡，直接將他拖出來，質問他：「這是什麼？不是說了不准交女朋友嗎？這到底是怎麼回事？」接著將他的手機摔爛，在那一刻，他心想：「我一定要逃離這個家。」

在他向我敘述這段過程時，語調非常的冷靜，但是眼神充滿了憤怒，他說他打算畢業後，要跟父母斷絕往來，所以現在要做的就是忍，忍到實習畢業那一刻。

那場婚禮後過了幾年，在一次的聚會中，我遇到了當時的新郎、新娘，我想起了這位男生，向他們詢問他的近況，他們說這位男生後來實習順利也畢業了，目前在某家醫院服務，他們也向我訴說了在這位男生畢業之際，發生了很大的風波，這位男生將所有手機號碼、住址等等之類的聯絡資訊全部換掉，為的就是與爸媽斷絕聯絡，並且在工作幾個月後，與當時的女朋友登記結婚了，沒有任何宴客，為的就是不想邀請爸媽，這是我最後一次得知這位男孩的消息，沒想到這男孩真的與父母斷絕了聯絡。

「我做的，都是為你好，你要懂得我的用心良苦啊！」、「爸爸打你是為了管教你，是希望你未來出人頭地啊！」親子關係當中，很常打著「以愛之名」、「我是為你好」的話語，實際上卻做出令人窒息的高壓控制，這樣的行為往往會導致關係奔向失控。

真正的愛，不應該是控制，更不該是情緒上的勒索。不顧對方感受的愛、不願傾聽對方真實的內在想法，這樣的愛，實質上是一種傷害。

冷漠疏離的黑洞空間

另一種導致關係失控的方式，名為「冷漠疏離的黑洞空間」。除了高壓控制外，過度的冷漠疏離同樣也會導致關係失控，在這邊與各位分享一個冷漠疏離導致關係失控的例子。

這是我一個朋友表妹的故事，這位表妹家裡一共有三個小孩，她排名老二，上面一個姊姊，下面一個弟弟，家裡非常的重男輕女，她的爸媽最常跟她說的一句話就是「隨便妳啊」，而這位表妹她是一位非常渴求得到愛、希望得到別人關注的一位小女生，她在小學考第一次段考，拿到了全班前三名，回家後拿著成績單給父母，她的父母看完後冷冷的回應：「嗯好，快去幫忙做家事。」

她的弟弟後來也上了小學，在學校考了段考，成績大約中上，排名十幾名，拿了成績單回家，她的父母對弟弟說：「哇，好棒喔，你考贏班上十幾個人耶。」這位表妹在旁邊看了很不是滋味，考爛了也得到冷冷的回應，這樣的冷漠疏離，讓這女孩漸漸產生嫉妒心態。

接著，這位表妹升上了國中，當時正流行奇摩交友及各大聊天室的網路交友平台，表妹在上面認識了一位網友，相約著某天要一起出遊，當天是那位網友騎摩托車來找她，這位網友跟她年紀相仿，兩人都是國中生，並且未成年，沒有摩托車駕照，在騎車出遊的過程中，因為沒有注意到路上的一個坑洞，出了場車禍，網友沒有大礙，只有些微的皮肉傷，但是這位表妹沒有這麼幸運，她出車禍時人飛出去，並且臉部著地，半邊臉被削去，她的爸媽在聽到這位表妹出車禍時，並沒有太大的情緒，只說了：「自己闖的禍自己負責。」反而其他親戚們比她的父母還要著急。

我的朋友告訴我，她的表妹從那一刻起，似乎人生整個變了樣，她不再像以前一樣可愛貼心，開始變得叛逆，投入在線上交友聊天室的時間也更多了，並在上面認識了一群朋友，並且接觸了最不該碰觸的東西——毒品——她的父母某次發現她在廁所偷偷吸食毒品時，打了她一頓，並且報警通報她的女兒吸食毒品，進去了勒戒所，進去的那幾年，她的父母沒有去看過她，反而是我的朋友及其他親戚去探望。我朋友敘述，她每次看到這位表妹，眼神渙散，失去這年紀應該有的熱情，似乎已對人生失去希望。

每個人都很渴求能夠得到他人的關注，尤其是父母的疼愛，但這樣的渴求及尋求父母認同，得到的卻是冷漠疏離，就如同將自己的情感往黑洞裡面拋似的，最終導致內心的封閉或用錯誤的方式向外尋求愛。

畫下休止符，重新調頻

重新檢視自己的所有關係，你在每一段關係中，是舒服、自在的，還是失控、壓迫的？

每段關係就如同一首旋律，我們每個人都是編曲家，都希望關係的旋律能夠美麗動人，但是當你發現這首曲子開始變調時，最重要的是，要先畫下休止符，重新聽聽這首曲子的旋律，是否變得失控、驚悚、恐怖或是壓迫，接著為這首旋律重新調頻，很多人發現一段關係的旋律奔向失控時，都只有選擇畫下休止符。就像前面我舉例的第一位男生，最後他的爸媽為他們的婚姻畫下休止符，他們沒有好好地為自己的關係重新調頻。那麼，關係要如何重新調頻呢？就從「同理感受代替批判指責」做起。

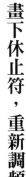

在某天炎熱的午後，收到一個來自臉書的陌生訊息。

「您好，我是某某的朋友，目前因為一些事情不知道該如何，我跟某某某述說了之後，她推薦我來跟您聊聊，不知道您是否有空呢？」

收到訊息後，我立刻回覆：「當然可以！非常歡迎！」

當下敲定某個平日的晚上到咖啡廳碰面。她今年48歲，有兩個兒子，大兒子出社會約一年半的時間，小兒子目前就讀高中，這次她提出的問題與大兒子有關。

「我兒子他在今年初參加了一個團體，一開始都還好，直到最近三個月他開始捐獻金錢，捐的金額越來越大，他一個月才賺多少，捐到自己的生活費不夠後，跑來跟我們父母要，我們發覺這實在太不對勁，便禁止他再去。」

這時我看到這位大姊她的眼眶漸漸泛紅。

「有次他要再出門參加那團體的活動時，我擋在門口不讓他去，他大罵我憑什麼不讓他去，最後把我大力推開，直奔出門，那天他出去後，我在餐桌上哭了好久，老公回來看到我在哭，瞭解事情原委後，說等他回來要把他打醒，我阻止了我的老公，現在我真的不知道該如何是好，家裡的氣氛從那天起進入冰點。」

聽完敘述後，內心覺得有些難過，因為我能感受到這位大姊的心急如焚與不知所措，以及身為一個母親的愛子心切及無可奈何。在那當下，我第一時間想到的回答是「關係切割」以及「誰的功課誰負責」，但我沒有這樣回應這位大姊，這樣的回應對多數人來說太過於冷漠，並且可能讓他們母子的關係更加冷漠、惡化。

我問了這位大姊：「當妳知道兒子捐錢給這團體的時候，當下妳是如何跟妳兒子溝通對話的呢？」

大姊回答我：「為什麼要捐錢，你自己都吃不飽了，為什麼要繼續捐錢？結果我的兒子只回我一句：『妳不懂啦！』」

最後我這樣回應：

「大姊，我非常能懂妳的感受，也能體會到妳的不安情緒，以及害怕兒子被騙的擔憂，但我們先把這樣的情緒先收起來，我們回過頭來重新審視這整件事。妳的兒子會願意參加這個團體，甚至捐獻金錢，我想一定是他在團體裡有得到某些收穫，而這些收穫是其他地方沒辦法給他的，包含學校、工作甚至是家庭，你們有試著跟他聊過，他在這個團體得到的收穫嗎？」

大姊沈思了一陣後回答：

「嗯……的確沒有跟他聊過這些……」

我接著繼續回應：

「我覺得我也能懂妳兒子的感受。他會覺得自己想做的事都沒有人懂，連最親愛的家人都不懂，我想他的內心裡面應該也很難受。我明白大姊妳很擔心兒子金錢的部分，但溝通需要用對方式，舉個例子，妳可以說：『兒子啊，看到你這樣捐到連自己生活費都不夠，我們很心疼，而且我們賺錢也不容易啊。』而不是『自己都快吃不飽了，不要再給我捐了。』」

「溝通要能有效交流，必須要以同理及感受為出發點，否則只會變成訓斥或是爭奪誰對誰錯，輸的那方只會選擇沉默當成無言的抗議，甚至動手來讓對方屈服，以結果來看，沒有誰是贏家，並且彼此的成見只會越來越深。」

「大姊，回去後找個時間，一家人就好好的坐下來聊聊。這一次的對談，沒有誰是對的、也沒有誰是錯的，你們都是一家人，我想你們心中對彼此都是有愛的，那麼這次好好的表達你們的心裡感受，但也記得，聽聽孩子內心的真實感受，用關懷的角度說出『怎麼了』來代替質問的『為什麼』」

幾天後，這位大姊打了電話給我，跟我說聲謝謝，那天聊完後，過了兩天她與老公找了兩個孩子坐下來好好聊聊，開了一場家庭會議。聊完後他們夫妻倆才明白兒子在學校受到排擠及霸凌，但兒子這些事情不知道該向誰訴說，爸媽平常工作都忙，他不敢向家人說，因為兒子不想讓他的父母擔心，後來跟著朋友一起接觸了這團體，他感受到了溫暖，覺得在學校受的委屈在這裡得到了解脫與關懷。

大姊說到後面邊說邊哭，她覺得自己很慚愧，孩子被排擠，在學校受了委屈，竟然自己都不知道，那次的家庭會談，到了最後他們全家人一起抱著哭。

聽完大姊敘述的這段話，我自己眼眶也泛淚，真正該說謝謝的應該是我，謝謝他們讓我看到那份家人的愛流竄在心中。

許多人為了希望別人照著自己方向走時，往往都在希望別人應該這樣想、必須那樣做，用著自己的價值觀逼迫對方就範，言語當中充滿了對他人的應該及必須，這樣的人最常問「為什麼？」、「為什麼你考試總是考那麼差？」、「為什麼你工作老是做不好？」、「為什麼你總是惹我生氣？」

「為什麼」這個詞本身就是個批判指責的概念，因為你做錯了，我要探究你做錯的原因，並且你要調整好不准再犯！大家可以試著用「怎麼了」來代替「為什麼」。舉例來說：「你最近工作做得不太好，怎麼了嗎？需要幫忙嗎？」或是「你考試考差了，怎麼了嗎？是不是有什麼問題呢？」

「怎麼了」這個詞本身，是個同理感受的概念，以關懷對方內心感受為出發點，問題要被真正解決，內心的感受必須先被看見，所有關係上的問題產生，皆來自於看不見的感受，感受被看見，你會發現許多問題便自然而然得到釐清並得以解決。

在關係中，我們都想要扮演「溫暖的天使」，卻總是不自覺的成了「失控的惡魔」。如何建立起一段互相信任、尊重，一直是我們在人生中的一大課題。關係需要用心經營，一抹淺淺的微笑、一段暖心的祝福、一句感同身受的「我懂」、一段發自內心的感謝、一句溫暖的「我來協助你」，都會帶來好心情。給予溫暖，讓身旁的關係人更有力量面對一天的生活，而不是看到問題總在第一時間選擇落井下石、批判指責。

作者簡介／

王楚軒，於 2015 年學習東方心理學，並且開始與人諮詢對話至今。每每從諮詢對象的思言行中，看到對方的信念與價值觀在生活中產生的矛盾衝突，正是前來諮詢的主因。

英國哲學家弗蘭西斯．培根說：「人的行為是依據他們的習慣而來；習慣可以主宰人的一生。」

從一個人的思言行，就能知道他未來的人生會走向什麼樣的結局。讓我們透過對思言行的觀察，看懂別人、瞭解自己、調整思言行產生的習慣、改變命運、創造美好人生。

看見思言行 1

文／王楚軒

美國心理學家威廉·詹姆斯曾說：「思想決定行為，行為決定習慣，習慣決定性格，性格決定命運。」這意味著思言行預告我們的人生會走向什麼結局。如果我們沒有看懂一個人的思言行，我們就沒辦法看見一個人言行的背後，他心裡在想什麼；如果我們沒有看懂自己的思言行，我們不會了解自己為什麼會這樣想、這樣說、這樣做。看見思言行不是件難事，透過觀察一個人思言行，可以知道他想法及言行背後的意義，只是我們很容易看見一個人呈現出來的狀況，卻忽略言行背後所代表的內在意義。

帶動言行，就要從思考開始

前面兩個主題：「當情緒來臨時」與「失控的關係」，提到了覺察跟觀照，這兩件事跟看見思言行極度相關，因為我們是透過覺察與觀照，去看懂一個人的思言行。

在這裡我將思言行一個個拆開來看，他們分別代表思考、言談跟行為，這裡我們會告訴你：

思，思考，思考是如何影響一個人的言行？

言，言談，我們用來表達的語言文字，隱藏了什麼訊息？

行，行為，我們的行為、行動背後，帶出來什麼意義？

既然思言行會決定我們的命運，我們更要謹慎看待，而且我們不只是看見思言行，更要提升思言行的層次，讓自己的人生達到一個更好的結局。

思考會延伸出一個人言談與行為，讓我們仔細去觀察你的言行，你會發覺它們都直接或間接地呈現了你的想法。

從科學的角度來看，大腦是身體裡其中一個很重要的器官，也負責掌控生命活動，它連結著你全身的細胞與器官、下達所有的命令，它就像是生命的司令塔一樣，告訴心臟要跳動、胃要消化、肺要呼吸、大小腸要蠕動……等。除了下達命令外，想法也寄宿在我們的大腦裡，我們利用大腦來思考、規劃行動；比如說，想著明天的行程我要如何安排、待會與客戶溝通我該如何表達。

讓我們試著回想一下，今年跨年你是如何渡過？請問你腦海裡浮現了什麼畫面？演唱會？煙火？或是倒數計時？還是跟誰在一起？當看到「跨年」這兩個字時，我們腦海馬上就閃現出某年跨年的畫面。只要你想著一件事情，那件事的畫面、想法就會像光速一樣，瞬間出現並且貫穿你的大腦。而你全身上下的細胞與器官也跟大腦連接著並且接收大腦的指令，寄宿在你大腦裡的想法會隨著大腦的命令傳遞而充斥著全身，所以你想些什麼變得很重要。

語言是有聲音的思考，思考是沒有聲音的語言

當我有一個想法：「希望你能明白大腦的反應有多快」，所以我說：「試著去回想今年跨年做了哪些事情？」你們接收到文字語言，產生了今年跨年的畫面；透過剛剛的回想動作也讓你們體驗到「大腦的反應真的很快」。要讓你知道我在想什麼，我一定得透過語言說出來，如果不透過語言，我們很難傳達我們的想法，也無法讓別人了解我們在想什麼；語言它是一個載體，承載著思想傳遞出去，讓別人明白我們的想法。而且我們想了些什麼，是可以從語言文字中找到蛛絲馬跡；因為我們說出來的話，一定曾經出現在我們的大腦裡，而且我們曾有想過、聽過、甚至認同過，所以我們不可能憑空講出我們不曾聽聞過的東西。

用字遣詞的微訊息

大家有曾經心口不一或有口無心的時候嗎？

當你面對主管不合理的要求，卻又很難拒絕的時候；當你跟家人朋友的看法對立，卻又不想把氣氛搞得太僵的時候；當你面對你的小孩的撒嬌請求，只能心軟答應的時候……又或者憤怒生氣、情緒激動的時候，講出傷害人的話，但事後感覺非常後悔，也覺得自己其實不是那個意思……。當人在心口不一的時候，我們怎麼知道他的心底到底在想什麼？

曾經我去參加一場演講，主題是夫妻關係、親子關係等關係互動的議題，提問時有位大姊問老師說：

「老師，我很擔心，我跟我兒子的女朋友以後會有婆媳問題，我該怎麼辦？」

講師聽了說：

「那您形容一下，您兒子的女朋友給大家聽聽，她的外表、個性跟給人感覺。」

這位大姊眉頭微微皺起，開始形容：

「眼睛小小的，身材瘦瘦乾乾扁扁，跟她說話時，她的回應也有氣無力。」這位大姊形容時帶了點鼻音，似乎有點嫌棄的感覺。老師聽完，眼睛環顧著台下，然後他請在場一位漂亮的女生站起來，然後說：

「可以麻煩您形容看看，現場這位小姐嗎？」這位大姊看了看，馬上開口說：

「這位小姐，皮膚白白，眼睛大大的，笑容親切可愛。」這時她語調高亢，連嘴角都微微上揚了。然後老師回應她說：

「大姊啊，妳今天第一次看見這個小姐，就能把她形容成很美、很漂亮；可是，妳剛剛形容妳兒子的女朋友卻完全相反，而且妳們已經碰面不只一次。妳不用考慮未來會有婆媳問題，妳的婆媳問題已經開始了！」

透過她的用字遣詞，我們已經知道她不太喜歡她兒子的女朋友。我們的用字遣詞裡傳遞出來的微訊息，其實就是代表我們的想法以及心理狀態，我們每天會傳遞幾千則像這樣的訊息，但這些微訊息常常被我們忽略掉；因為我們相信，我們說話沒有矛盾的地方，也沒有留意那些不合理可能造成的影響，就像那位大姊沒有意識到自己現在的態度，已經為未來埋下婆媳問題的隱憂。

你是否曾經聽過一些父母，會開玩笑或生氣地告訴自己的小孩說：「你是爸爸媽媽從垃圾桶裡撿來的！」但他們也會對別人說他們很愛自己的孩子、說著他們的優點；或者你身邊有些朋友，曾經被他的父母這樣說過，而他現在已經三、四十歲了。父母親他們可能已經忘了曾經說過這句話，但不管過了多久，聽得人永遠都記得，這句話也一直在聽的人身上產生影響；回過頭來，說的人真的是這樣想嗎？還是他是有口無心，或是因為一時的情緒，說出這樣的話？我們要鼓勵別人的時候都是透過語言，給他一些正能量、給他一些鼓勵。相反地，傷人的話，也會殘留在聽的人的心中，久久揮之不去。

給每個人#TAG

我們在使用 Facebook 或 Instagram 等社群網站上傳照片的時候，都會標註照片中的朋友，也會在照片描述中留下＃，給這張照片一個標籤。我們在認識一個人的時候，也會像社群網站一樣，透過他的語言、行為，我們也會給他各式各樣的標籤、TAG，來認識一個人。

如果試著去形容你的另一半、你的同事或你的朋友，你的描述裡，會出現下列這些特質嗎？

名字、外表、衣著、工作、言談、脾氣、個性、品行、成就、能力、學歷、頭銜、收入、成就、嗜好、興趣、職業、職務、性別、稱謂、專長……等。這些特質也是一種標籤。雖然我們知道不能隨便給別人貼標籤，或不要把人標籤化，但難免在不自覺的時候，用一些標籤去認識一個人，即使這個標籤沒有惡意也很正面。

看見不合理時，產生「好奇的問號」

曾經接觸過一位朋友，他立志要推廣健康給每一個人，到處辦演講，告訴大家如何保養身體、調整飲食作息及擁有良好關係。我對這個人的認識就是#健康、#推廣健康、#重視健康。

有一次我去聽他的演講，席間他跟一位大哥有短暫的互動，在演講結束，所有來賓離開之後，我聽到這位朋友，非常興奮地告訴他的工作人員：

「剛剛那位大哥的政商關係很好，人脈很廣，而且他練武術十年了，有很多的學生，學武的人都很需要保養身體。如果能得到這位大哥的認同跟支持，我們的業績一定會突破 500%！」

這時候我覺得有個很不合理的地方：演講時一個立志推廣健康、提倡身心靈健康的人，怎麼會在演講結束後說出如此市儈的語言？

這其實讓我覺得難以置信，心中也產生了問號：他講的健康跟業績有什麼關係？之後才知道，這位朋友除了推廣健康，也有在銷售營養食品，這才化解了我心中的疑惑。

一個人的言行，多少都會有矛盾、讓人「產生問號」的時候，如果我們沒有去理解他背後的原因，就會看不懂這個人的所言、所行背後代表的意義。我們沒有去理解一個人背後的價值觀，沒有看懂矛盾，我們就會產生更多的問號，但是對於這樣的不合理，我們很容易置之不理地帶過，一點也不好奇。最後就會演變成：看到別人生氣時，我們就告訴他不要生氣；看到別人難過的時候，就告訴他不要難過；但我們沒有看見他生氣、難過的背後，還有其他的原因。

舉幾個常見的例子：你身邊有沒有這樣的同事，跟你說他好想要離職，可是過了三年五年還沒有離職？有沒有這樣的朋友，跟你說下次有空我們一起吃飯，但從此沒有跟你聯絡過？

這些言行不一、不合理地方，你是一笑置之；還是你產生好奇，去問為什麼他會這麼說、這麼做嗎？你有產生問號嗎？你會好奇這些言行不一的背後，原因是什麼嗎？如果沒有去理解問號背後，每個標籤之間的矛盾，不去理解每個問號的緣由，那還真的會把一個人標籤化、幫別人貼標籤而不自覺。

人生疊加態

雖然人是一個完整的個體，無法從單一面向解讀，但我們在認識一個人時，只能從我們看到的面向掌握，那就是標籤。把一個人所有標籤，加總起來就是他整個人，也就是他的人生疊加態。其中各個言行定義出來的標籤，很常出現矛盾、衝突、不合理的地方，彼此拉扯著，像拔河一樣，會讓一個人失去前進的動能。

有一個男生，他遇到婚姻上的問題，跑來找我諮詢，他跟老婆交往了幾年、結了婚，生了一個很可愛的小孩。但他跟他老婆還未結婚前，從交往的第一年後，男生就開始說：「我想分手，我覺得我女朋友不好相處。」但他沒有分手；幾年之後結了婚。婚後他開始說：「我想離婚，我老婆跟我媽媽處不好，有婆媳問題。」但他也沒有離婚，小孩也出生了。後來他離婚了，但夫妻倆都想要小孩，在爭奪扶養權。想分手但不分手、想離婚但不離婚，最後鬧上法院，這些不合理疊加出來的矛盾與衝突，讓這個家庭支離破碎。

大家在看待一個人的思言行時，從心口不一到言行不一，我們通常都有看見不合理地方，但我們有沒有產生問號，也不會去詢問對方。我們沒有看見他人思言行上的不合理，因為我們也沒有看見自己思言行上的不合理。

邀請大家玩個遊戲，伸出你的雙手，豎起兩手的拇指比讚，兩隻手往前伸，並且緊靠在一起，讓大拇指的指尖跟視線一樣高，然後閉上你的左眼，你的右眼緊盯你的左手大姆指，固定左手的位置高度然後慢慢地把你的右手拇指往外移，在兩手距離約15～25公分左右，很神奇的事發生了，你右手的大拇指會消失不見。然後繼續往右移，右手大拇指會再次出現。

這是眼球生理構造產生的現象。我們眼前看到的是光線透過水晶體折射，成像到視網膜上，視網膜上佈滿了感光細胞，接受光的刺激後發射訊號，經由視覺神經傳給大腦。眼球要前往大腦有一個通道，那個通道作為視覺神經進出眼球的出入口，出入口上空了一塊，上面沒有任何的感光細胞，所以這個出入口的區域範圍不會成像，也沒有影像訊號可以傳遞給大腦，變成一個視覺盲點，也就是剛剛遊戲中拇指消失的位置。

我們平常看不到這個視覺盲點，因為大腦它會利用盲點周圍的訊號，也就是周圍的成像畫面，補進這個空洞盲點，讓盲點看起來跟周圍的影像一樣；而兩隻眼睛又可以互補各自的影像，所以我們很難發現這個不合理的視覺盲點。

我們以為眼前所看到的一切就是我們看到的，但我們大腦的成像裡，就有不合理的地方，我們沒有發現。思言行有什麼不合理的地方，我們是否會像大腦填補視覺盲點一樣，自己創造出合理的理由而不自知？

內外平衡

我們要怎麼樣看見思言行，然後去平衡我們的內在世界與外在世界？

首先內在世界，我們要向內觀照。觀照的概念是由外向內，要很刻意地去意識到你的內在，包括情緒、感受、想法甚至是一閃而過的念頭。

問問自己：你現在的感受是舒服的嗎？你情緒是開心的嗎？此時此刻你正在想些什麼？

再來談到外在世界，我們要向外覺察，覺察的概念是由內向外，也是要刻意地提醒自己去覺察，自己的外在表現，包括行為、表情、言談。

試著去感覺一下，你的心跳速度如何？

你身體的肌肉是緊繃還是放鬆？

你的嘴角是上揚還是下垂？還是你現在是愁眉苦臉？

記得要不斷地提醒自己，去覺察自己的行為、表情、局部身體部位的狀態。

再請試著把他們連結在一起：你表現出來的行為、表情、言談，跟你的情緒、感受、想法，他們是否有矛盾、不合理的地方？

如果我們沒有發現、又忽略了這些不合理，後續它就會帶來的巨大影響。這些影響從何而來？我們先要了解，情緒、感受、想法好像是在身體裡，然後行為、表情、言談好像是表現在外，但其實這些都還只是展現在你身上、在一個人的身上。我們為什麼會有情緒？為什麼會不開心、會有脾氣？

原來除了我們的思言行外，還有我們的期待、渴望、我們的人生目標！當我們內在世界的期待、渴望與外在世界的人生目標產生落差的時候，我們就會有情緒、感受就會不好、不開心，也反應在我們的思言行上。

我們要向內觀照自己的情緒、感受、想法；向外去覺察我們的表情、行為、言談。我們思言行不一致時，自己都沒有看見，所以達不到我們想要的外在世界。把上述這些用射飛鏢來比喻，我們的人生目標就是靶，我們的思言行就是飛鏢，是否能射中靶心，就要看飛鏢能否一致地乘載我們的思言行。因為我們的思言行不一致，所以飛鏢飛不直、會射偏，所以很難射到靶心。因為會讓飛鏢射中靶心的，除了感受、情緒，還有一個更重要的內外平衡藏在我們思言行裡。

心技體

最後讓我用心技體的原理來提升思言行的層次：心技體是在體育、武術領域中，修練時特別注重的三種面向。體，代表著身體的鍛鍊、良好的體能；技，代表熟練且卓越出眾的招式技術；心，代表不怕挫折困難、勇於面對挑戰的精神與態度。如果能擁有強健的體魄，支撐我們去鍛鍊、展現如同達人般的精湛技術，並且擁有克服所有的挫折、困難與挑戰的精神態度，心技體合一，我們就可以達到不同凡響的境界。

原來，還有心技體藏在我們的思言行裡。

讓信念與價值觀深植在「心」裡，當作「思」的基礎，推動著我們的想法與念頭，也作為我們最重要的引擎；看懂自己、為自己加工，讓自己的優點極大化、調整自己的缺點，為我們的想法做一些調整跟改變，讓思維與信念同步，好來展現我們的價值觀。

「言」，我們說出來的話，有沒有事實依據？會產生有用的效果嗎？是出於善意還是只為了展現自己與眾不同？

我們的行為舉止，不只是為了生活餬口，上班賺錢下班休息，淬鍊成自己的**「技」**、技術與技能，提升知識，展現智慧，言行一致，磨練升格成達人，讓別人覺得你是值得請教、值得依靠的人，甚至變成眾人學習的對象，模仿的典範。從**「心」**出發，貫穿**思言行**，用**「技」**來加值言行的層次格局。

到了體，**「體」**就是你外在體現出來的所有結果，言行就是一面鏡子，反射出你給別人的感覺、大家從你身上接收到的訊號。你是怎麼樣的人、是否值得尊敬，你呈現在外所有好與不好的結果，會疊加出你的人生成就。

我們要在思言行上實踐我們的信念，去身體力行我們覺得對的價值觀，最後才會體現、顯化出來我們要的結果。如果體現出的結果不是你想要的，或者還不夠好，回頭去看看是思言行哪個環節出了問題，然後調整思言行。因為心口不一、言行不一，會讓我們的思言行飛鏢可以射得到靶，但射不到靶心。記得把思言行與心技體結合起來，去提升、展現自己。最後，你外在世界的人生目標，才會顯化在你的眼前。

很感謝游老師 2015 年在我灰心喪志的時候拉我一把，讓我有機會跟大家分享我的想法。老師說，感恩會讓生命有向上的力量，感謝買下書閱讀的你。

讓我們學習送出祝福，祝福身旁所有的一切，你將會知道，思言行的背後，都隱藏著每一個人辛苦的地方；如果我們能夠去同理每個人背後的辛苦，我們就能對他人送出祝福；看懂自己，我們才會心存感恩，感恩發生在你們身上所有一切，會不斷地提醒自己，讓自己成為一個更好的人。

看見思言行 1

作者簡介／

我們所有人從出生成長到現在，從呱呱落地到當下，無時無刻都在接受訊息，進而產生想法。無論是來自於他人、自己累積的經驗法則或是內在感受等，大腦為了適應環境生存，已經發展出一種強大慣性，不斷產生想法！因此，我們總是在不斷地產生想法與評斷，這已經是一種生物的本能與慣性。進而不斷產生：思想 >> 觀念 >> 認定 >> 相信 >> 界定，而後構築我們的生活。

人生世界，如果想要改善目前的生活，應從哪方面著手？請先從避免讓情緒對生活及人際造成問題！記得，六分鐘護一生！

看見思言行 2

文／鄭秉鈞

想要看見自身的思言行之前，首先須先了解一下，何謂思言行？

- 思：可分為思與想：想法、觀念、認定等。
- 言：言與語，口語等所有的傳達。
- 行：所有的行出（如行善等）與作為。

何謂「思言行」？

首先，我們需要了解「思」的本質與重要性。因為思想對我們人生影響非常巨大，甚至可以說影響左右我們的一生。

為什麼呢？因為，**定義才會帶來意義**。我們人生的運作，一切的一切皆是我們賦與了它「定義」，而後面對面臨的一切，才會對他們產生相對應賦予的意義與價值。

那麼，我們心靈內在的定義，是如何產生的呢？

關於思

❶ 想法：

我們從出生成長到現在，從呱呱落地到當下，無時無刻都在接受訊息，進而產生想法。無論是來自於他人、自己累積的經驗法則或是內在感受等，我們大腦長久以來為了適應環境生存，已經發展出一種強大慣性：產生想法！因此，我們總是在產生想法與評斷，這已經是一種生物本能的慣性。

❷思想：

想法會產生思想，我們不斷產生想法後，逐漸凝聚成一種思想。這也進一步提供我們對外界人事物的基本判斷，例如：感性與理性的人格取向。

❸觀念：

思想凝聚成觀念。思想逐漸再凝聚、再提煉，就會逐漸形成觀念。觀念是什麼？此時，我們自然而然相信的自然法則與基本判斷，就來到觀念的程度與階段了。例如：什麼樣的人是孝順的人？什麼樣是合群的？

❹認定（定見、成見）：

內在思想到了這個深度階段已經是「認定」的階段了。從而也產生了「定見」與「成見」。例如：孝順的人一定是好學生、合群的人都是乖寶寶、愛乾淨的小孩家裡一定很整潔等，我們已經開始會去對所有人事物做出一種近乎基本定律的認定。

❺相信：To believe is to See！（信念即所見）

我們先相信了，才會看見！簡言之，我們只會看見我們「想」看見的，或是，我們只會看見認定範圍的事物。這方面，心理學家已經做了很多實驗來證明，例如：「為何看不見大猩猩」等實驗。為何我們會看不見呢？

一：因為「慣性」。

二：因為「關注」與「聚焦」（同樣也是來自於慣性）。

相信比較會產生力量，這也是國父所說：「思想產生信仰，信仰產生力量。」用現在的話來說，即是：「思想產生觀念，觀念產生認定與相信，相信就是力量！」

❻界定：

重新觀察及覺知我們內在對所有人、事、物的定義與界定非常重要。因為這將會是我們一生中最重要的基石與價值取向。這也就是為何「定義才會帶來意義」，因為一切的存在與價值，由個人到整個世界觀都是由我們內在界定與定義。這個基礎認知結構對外定義，而後產生言語、行為作為、互動與實現，也影響所有的言語行為。

關於言

言語方面，我們只有「口語」的表達嗎？

當然不是！我們還有諸多表達途徑與方式，其中包括所有感官的接收與傳達：

❶眼：

包括眼光、眼神、注視，以及與人的眼光交流以及產生的所有感受。

❷耳：

我們所有接收的訊號、訊息以及將會產生的反應。

❸鼻：

接收的訊息。

❹舌：

這是言語互動最重的一塊。我們所有的用字遣詞，包括語氣、語調、語境、語意等，所有的口語表達。

❺身：

我們所有的肢體語言與動作等。

❻意：

意念包含所有感官表現、以及傳達出的情緒等。意念傳達非常重要，甚至超過所有感官的傳達。

關於行

行的部分則是所有「行為」的總合。我們所有身心靈以及思言行，最終結果就是行為，也就是個人所作所為，行於外的一切外在總的表現結果。

我們都知道觀察一個人我們要「聽其言」、「觀其行」，也就是閱聽他的言語以及觀察他的所作所為，無論對方的想法或論述如何，最終的判斷仍是他個人作為。因此，這個人是否言行一致？言行合一？就成為我們觀察一個人人格的重點。

再者，非常重要的是，我們都在談人生的「自我實現」，請問我們「實現」了什麼？做出了什麼？這也包括了我們時時刻刻在產生的所有思言行部分。

思言行中的情緒VS在情緒中看見思言行

誠如以上所述，我們已經能大概了解：思言行的本質與概要。透過思言行，我們已經能夠更加深入了解自己。那麼，在現實生活中，我們又將如何從思言行的本質與啟發，運用及落實在日常的實際問題中呢？

首先，我們可以先面對第一個生活的要務課題：情緒。

一、思言行中的情緒：

我們在生活中，一定會面臨到情緒的問題，這是每個人都無法逃脫的課題。同時，若我們能在思言行中看見自己的情緒，那生活一定能減除許多的問題，進而在人生中創造更美好的歷程與經驗。

二、情緒在認定範圍內才會出現：

這個就是我們前面所討論的認定、界定的問題範疇。如果我覺得是自己應當處理反應的問題，請問，這時候的你，還會覺得這些事情需要立即反應與回應嗎？更不用說會出現「反擊」與「失控」的狀態出現！

因此，請閉起眼睛回想，在我們生活經歷中，有多少事情是我們在觀念認定上，如果能將眼前的人事物，不看成是自己關注責任的範圍內，或甚至是具有危機的、需立即處理的，那在我們生活中情緒造成的問題將會減少大半！

三、「加分」或「減分」的人生：

情緒對我們的人生是「加分」還是「減分」呢？我們都有這樣共同的經驗：情緒往往帶來更大的問題與災難。反之，如果情緒能夠成為我們人生的加分而不是減分，當然可以運用。但是我們往往成為情緒的俘虜而不是主人，因此，情緒往往為我們人生帶來「減分」而不是「加分」。那我們該如何處理及面對減分的問題呢？

四、練習看見情緒中的自己：

從今爾後，只要遇到情緒問題，就先深呼吸。對於一切，先暫。緩。處。理。我們往往自幼被教育成，面對所有的人、事、物問題，要立即面對迎刃而上。殊不知，往往變成小腦反應的生物反射動作，而非謹慎言行、深思熟慮後的處理應對。而許多的生活問題與傷害，也常常伴隨而生。

五、6秒鐘護一時：

這6秒鐘就是讓我們閉起眼睛，深呼吸，暫緩處理所有問題的練習。

讓我們在問題來臨時、在情緒出現時，先至暫緩6秒鐘。閉起眼睛，看見自己的思言行。重新檢視一遍。這時，往往能夠沉澱自己紛亂的情緒與思緒，也能有效避免情緒造成的更大問題與傷害。國內外有諸多的研究與案例顯示，人們在盛怒之下，往往會做出錯誤高達90%以上的決定。例如：**費思汀格勒法則**（請參考 P.106）中所有的個案與雙手截肢小女孩的故事。

六、6分鐘護一生：離開情緒現場

當我們開始練習6秒鐘，練習熟悉了之後，恭喜您，接下來就是開始練習6分鐘的階段了。

在經過6秒鐘的緩衝處理，至少已經能夠有效避免大半因情緒問題產生災難的事件發生，利用這幾分鐘時間——6分鐘以上——仔細觀察自己情緒出現的原因與想法。國外研究發現，能夠暫緩數秒處理問題，情緒已經能夠切斷大半持續燃燒的能量。同時，如果再經過6秒鐘，甚至6分鐘的沉澱與暫停，情緒的火藥與能量已經可以成功阻絕與斷離大半！

這時，我們在此要提供更進一步的建議——**離開情緒現場**——請記得：

當問題來臨時，

當情緒出現時，

當情緒失控時，

請先深呼吸6秒，並立即離開當下現場，至少6分鐘以上，沒有必要先暫時別回來。請永遠記得這個練習，您的人生日常所出現的問題，將會減少大半。往後的人生，只會越來越順遂！

七、6小時護人生：

恭喜各位，當我們成功完成上述二階段練習後，將來到進階人生。

如果我們已經習慣，能夠成功離開所有每一次的情緒現場，然後經過深思熟慮，仔細觀察自己情緒出現的原因與想法，再回到現場處理問題，事情將會更容易趨向圓滿與平靜順遂。同時，更因為您當下的轉化情緒、轉移情緒，而能使人生的憾事與災難減少到最低，從而也對我們身邊的人以及最貼近我們生活的至親、親朋好友們，減少彼此的遺憾與問題產生！因此，在這裡我們衷心建議您，在6分鐘的練習達陣後，請開始**6小時護人生的練習**。

6小時的時間已經能成功的轉換情境、轉化情緒、斷離情緒現場、轉化心境，甚至抽離自我當下情境與抽離情緒狀態。這時，我們已經不只妥善保護了我們自己，還因此避免了對身邊至親與身旁的人，所造成的所有的可能傷害，也進而保全了我們的人生、避免人生遺憾、避免我們對自己人生留下不可彌補的所有傷害。

費斯汀格勒法則：

如同我們上述所提，如何避免情緒與盛怒下所做的行為與決定，是非常切身且重要的。費思汀格勒法則就是告訴我們，生活的問題與發生種種，其實大多是可以避免的，其要點如下：

❶生活中10％是由發生在你身上的事情所組合。
❷90％則是由你對所發生的事情如何反應所決定。
❸生活中10％是無法掌控的、是隨機的。
❹90％是我們能掌控的！

這個法則有個非常著名的個案：鬧心的一天。

卡斯丁早上起床後梳洗時，隨手將高檔手錶放在梳洗台邊，妻子看到，怕被水淋溼了，就隨手拿過去放在餐桌上。兒子起床後到餐桌上拿麵包時，不小心將手錶碰到地上摔壞了。

卡斯丁心疼手錶，就往兒子的屁股揍了一頓，然後黑著臉罵了妻子一通。妻子不服氣，說是怕水把手錶打溼，但卡斯丁說他的手錶是防水的。

於是二人猛烈地鬥起嘴來。一氣之下，卡斯丁早餐也沒有吃，直接開車去了公司，快到公司時突然想起忘了拿公事包，又立刻轉回家。可是家中沒人，妻子上班去了，兒子上學去了，卡斯丁鑰匙留在公事包裡。他進不了門，只好打電話向妻子要鑰匙。妻子慌慌張張地往家趕時，撞翻了路邊水果攤，攤主拉住她不讓她走，要她賠償，她不得不賠了一筆錢才擺脫。待拿到公事包後，卡斯丁已遲到了15分鐘，挨了上司一頓嚴厲批評，他的心情壞到了極點。下班前又因一件小事，跟同事吵了一架。妻子也因早退被扣除當月全勤獎。兒子這天參加棒球賽，原本奪冠有望，卻因心情不好發揮不佳，第一局就被淘汰了。

在這個事例中，手錶摔壞是其中的10％，後面一系列事情就是另外的90％。都是由於當事人沒有很好地掌控那90％，才導致了這一天成為「鬧心的一天」。

試想，卡斯丁在那10％產生後，假如換一種反應。比如，他安慰兒子：「不要緊，兒子，手錶摔壞了沒事，我拿去修修就好了。」這樣兒子高興，妻子也高興，他本身心情也好，那麼隨後的一切就不會發生了。

可見，你控制不了前面的10％，但完全可以透過你的心態與行為決定剩餘的90％。在現實生活中，常聽人抱怨：「我怎麼就這麼不走運呢，每天總有一些倒霉的事纏著我，怎樣就不讓我消停一下有個好心情呢，誰能幫幫我？」這些，都是一個心態問題。其實能幫助自己的不是他人，而是自己。倘若瞭解並能熟練運用費斯汀格法則處事，一切問題就迎刃而解了。

一、現在的你，存在的狀態

經過檢視與練習上述從情緒中看見自己的思言行，這時，我們就要開始來覺察自己，目前當下是處在什麼樣的狀態下？

我們再次閉起眼睛，坦然的面對自己，看看現在的自己有沒有情緒？有沒有懷疑、猜忌、在自己的生活中？如果有，那我們就可以進一步檢視自己：

❶ 我們用什麼樣的情緒擁抱自己的生命？

當我們察覺到有懷疑、猜忌、憤怒、不平、心有不甘、壓力無法宣洩、厭惡等心情，這時，我們可以練習清楚明白的告訴自己：我們當下，就是用這些負面能量在擁抱自己，擁抱自己的生命。

❷ 貪嗔癡慢疑（妒）：

貪、嗔、癡、慢、疑，這幾樣是我們常常會出現的情緒與心境。我們可以練習檢視自己：當這些情緒來臨時，是否能看見她們的如何形成與發展？我們是否以這些心境情緒在面對周遭人事物與我們的人生？

❸ 練習：

當念頭及情緒來臨時，是否能看見它們是如何形成與發展？這是檢視自己、覺察自己、看見自己非常重要的練習。

同時，從情緒中練習觀察自己，是非常具象而容易掌握的初階練習。

二、面對心中深層的渴望

在思想的部分，接下來我們還可以進入深一層的自我審視，如同魔戒裡面的精靈王國的女王——她已經是人間最富足、一切皆圓滿具足，集合容貌與世間美好尊貴等等的仙人——一樣有心理的魔障：希望世間人人喜愛她。已經是人人喜愛尊敬的精靈女王，沒有想到竟然一樣會有心理的問題。所以這個就是我可以從另一層面覺察自己的部分：從個人心中渴望的部分去看見自己。

三、從問題中看見自己

在日常生活中，一定會面臨大大小小的問題，你都是如何面對與處理呢？以我自己為例，從小到大的成長過程與教育，所有身邊的長輩與至親，都是教導我們要立即反應與回覆，不然就是心虛與不尊重。

試問，在這樣環境成長的小孩，將會以何種習慣性去面對問題？因此，習慣用反擊與情緒去回應，就會變成習慣。

而更大的情緒——失控——也將會成為常常出現的戲碼！

我們再次回頭反思、問問自己，這幾十年來用這樣的方式，能夠解決問題嗎？

四、習氣即我們慣用的思言行

如此長此以往，一直在用習氣面對人事物，甚至面對自己，不但讓我們養成了嚴重的一身習氣，更讓我們深陷其中而不自知。同時更可怕的是，別人怎麼看我們呢？

當然是「習氣」！

所以，這就是為何內心的我們對自己的認知，與他人會造成嚴重落差的最大原因！甚至久而久之，中毒深了，習氣已經包圍我們久了以後，我們也會自然而然以我們的慣性思維（習氣）去看別人、看待世間人、事、物一切。

這時，對這世間，你還會覺得可愛、光明、充滿希望嗎？

五、面對關係問題與處理

面對關係問題與處理：自然投入的心力與慣性

❶ 面對關係與問題：

我們會習慣性的去關注及將心力投入與投射，因此，學習如何暫緩處理，如同我們前面所述的練習方式，就非常重要。

❷ 量子力學的啟發：

當我們心力投注在關係與問題中，全身的能量與量子狀態與流動，將會完全聚焦在這個點上。這時，若不能立即轉移情境，或稍微暫緩繼續能量的供輸，問題將因為持續關注而持續放大。

❸ 量子物理中的啟發：

如果量子掉入了能量井、量子井中，將有如陷入陷阱。而我們如果讓情緒，繼續在這能量井中，將會無法跳脫，而陷在這個能量與情緒的陷阱裡，越陷越深。

六、主動權的自己

清楚看見思言行、成功轉換情境、跳脫情緒陷阱

找回自己的主控權

❶有方法的練習（6分鐘護一生等）：

看清思言行，讓情緒不再主導自己。

❷看見情緒中的思言行與自己：

暫緩處理，有效降低情緒帶來的問題。

❸看見思言行：

找回主動選擇權的自己。

❹從思言行中：

看見能夠做選擇的真正的自己。

❺做自己的思言行主人：

跳脫情緒陷阱。

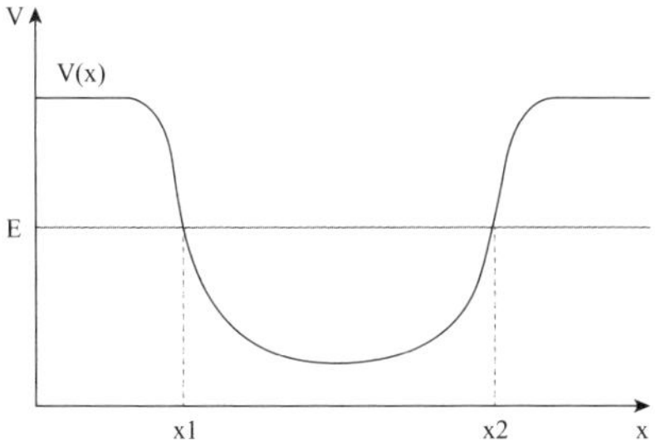

作者簡介／

我是誰？
在 2017 年透過學習「東方心理學」認識到自己的本質，讓我開始對自己與他人感到好奇，會去思考為什麼這些人會這麼想、這麼說、這麼做？
生命的轉化從好奇開始，好奇心讓自己內心變得柔軟，聽得見他人需要被幫助的聲音，更會想要主動開口詢問並與他人對話，引發慈悲。
慈悲讓我學會關注當下、排除干擾，真正用心去傾聽感受，不對他人貼上標籤，也學會感恩給予幫助。啟發他人讓我充滿更大的力量，生活更具價值與意義。

好奇會帶來慈悲 1

文／**黃冠寧**

前一段探討看見思言行，但我們都只是看見而已，沒有更進一步的好奇。
接下來，帶著大家進入好奇探索的階段。

習氣

在探討好奇之前，想先聊聊所謂的習氣。

「習」是指習以為常的習慣，從我們的言行舉止上不知不覺中流露出來，它是一種根深蒂固、不易改掉的慣性。

習氣對我來說，屬於比較不好的習慣。

但因從小養成的慣性，想要快速的把它屏除掉、排除掉，相對來說困難度是比較高的。舉個例子，有時天氣變化大溫差大，溫度從26度降到18度，除了會幫自己添加保暖的衣物與厚外套，有孩子的父母們當然也會幫孩子準備保暖的冬衣。這一天早晨，在家中，這位媽媽準備要送孩子去上幼稚園，但外面溫度低，想請孩子穿上外套。

媽媽：「外面天氣冷，把外套穿起來，手才不會冰冰冷冷的。」

孩子：「我不要。」

媽媽：「把外套穿上，不穿外套，會感冒生病，生病了，我還要帶你去看醫生，你就要吃苦苦的藥耶，快點穿上！」

孩子：「我不要！」

媽媽：「我要上班，你要上學，我們沒有這麼多時間可以耗在這裡，我們都要遲到了，你快點穿上！」

孩子：「我不要！」

媽媽口氣嚴厲：「你過來，快。點。穿。上！！！乖乖穿上外套，才是媽媽的乖寶貝！」

孩子默默走向媽媽，乖乖的穿上外套。

我們從旁觀察看見了什麼？這位媽媽怎麼了？看見這位媽媽從和顏悅色轉向面目猙獰，從關心口吻走向嚴肅的語氣。媽媽情緒開始變化失控，且以單向情緒直衝幼小的孩子，透過命令讓孩子舉手投降，媽媽成為了說教高手，也喪失了對孩子的好奇；孩子回應方式則從真心表達到最後僅能無奈地默默地接受。有沒有可能孩子聽到心底去的是「乖乖聽話才是乖寶貝」這句話？孩子這樣一而再、再而三的學習，養成用這樣無奈的感受來與父母親應對，可以想像這孩子的習氣，就這樣被父母無形中養成了。原來父母通常只希望孩子乖乖順從，依照父母的話去做就好。

我們常常受到傳統文化的影響以及自己過去的記憶，會不自覺就這樣教育我們的下一代。其實我們的父母如何教育我們，我們就如何教育我們的小孩，許多觀念代代傳承被視為「理所當然」。

舉個簡單例子，婆婆跟媳婦共同照顧一個小孩，在婆婆的觀念中，我就是要讓我的孫子吃飽，不能餓著，所以只要孫子願意吃，婆婆就會持續餵，直到餵不進去為止，代表孫子吃飽了。但在媽媽的觀念中，媽媽希望孩子可以養成良好的用餐觀念，在用餐時認真吃，過了用餐時間，就把飯菜收拾乾淨，沒有吃飽，下一餐再吃。現在年輕一代的家長，第一胎都是照書養，因此許多教育專家提醒可以讓孩子多多探索，提醒吃飯盡量讓孩子自己動手吃，就算整臉、整桌、滿地髒兮兮是可以被接受的，之後再整理就好！但婆婆無法接受吃飯中途東西掉滿桌掉滿地，事後要清理一點也不輕鬆，婆婆仍持續採取主動餵孫子吃飯，不讓孫子自己吃，這樣用餐速度快又乾淨，反正等孫子長大了就會自己吃了，一點也不用擔心呀！

不同觀點會造成什麼樣的問題？

就是前面提到的「我對你錯」的狀態，容易形成二元對立僵化的局面。在不同觀點的當下，會讓我們不懂如何去表達自己、不懂如何好奇自己？在不同觀點的當下，會忘記如何靜下心來聆聽、不懂如何好奇對方、不懂如何應對回應？

我們常常很習慣直接給對方答案，好讓對方不要一直來打擾自己。尤其面對小孩子，他們常常會問出很多天馬行空的問題，問到父母都快招架不住，要孩子別再問了，我們習慣直接給答案，忽略陪孩子探索，讓孩子漸漸喪失好奇心與觀察力。可想而知，這樣的孩子經過二十年後，一身習氣養成後，會變成什麼樣子？

但我們現在已經35歲、50歲甚至60歲以上了，我們已經養成一身習氣，還有機會改變嗎？當然可以呀！只要你願意，我們都可以重新找回好奇！

你願意重新找回好奇嗎？

此時此刻正在閱讀這本書的我們，都可以重新找回的好奇心，你願意重新開始練習嗎？

好奇有外在及內在之分，我想先從外在的部分來探討起。星期一上班的時候，看見一位原本長直髮的同事突然換成波浪的大捲，我們會因為很美而好奇上前稱讚：「妳的新髮型好美喔！好漂亮哦！去哪一家燙的？」

某天一個聚會，看見同學換了一輛賓士休旅車，我們會好奇上前詢問：「收入不錯哦！怎麼想要換這麼高級的車子？每年保養要花多少錢？」

朋友換房買了一棟別墅，我們會好奇詢問：「這一坪多錢？附近有捷運站嗎？頭期款要付多少出去呀？現在房地產還不是買進的時段？」

我們會好奇想聽A藝人跟B藝人進展到哪裡了？想知道更多的八卦消息。我們常常直覺好奇外在世界，卻很少練習好奇關注內在。

某個星期一早晨，同事剪了一頭俐落短髮進公司，大家好奇上前詢問：

「早安，妳的髮型真好看，好俏麗哦！」這位同事突然臉色一沉……我們發現她表情不悅，再次好奇關心詢問：

「妳還好嗎？是不是有什麼事情讓妳感覺不舒服？需不需要陪妳聊聊？」

我們是不是常常看見他人的思言行，不太主動關心對方狀態好與不好，我們就只是「看見」，然後下一秒就轉身離開，似乎與對方連結少越來越少？原來是我們忽略好奇他人怎麼了？那要怎麼練習好奇呢？其實很簡單，先從關注自己開始。

我們每天都會洗手，透過水龍頭一轉開，水流下來，觸碰到自己的雙手，那種溫度冰涼溫暖的感受，將好奇並關注在手的感受上。女生穿上高跟鞋時，可以好奇並關注自己高跟鞋的聲音、男生可以好奇關注自己走路的頻率與呼吸的節奏，這就是簡單練習好奇自我開始。再更進一階，練習好奇關注自己的內在，例如看不見的情緒起伏，從觀察是哪些事比較容易造成自己內在不舒服的感受。

舉個好奇他人的例子，我在銀行上班多年，遇見各式各樣來銀行辦事的人，有的客人親切溫和，有的客人態度高傲，有的客人面無表情，有的客人笑容可掬，有的客人聲音分貝極高。因為學習東方心理學後，開始練習好奇他人。

與H同事一起工作約十年，無論來辦事的客戶好與不好的口氣表情，H同事總是可以輕鬆自在應答，給人舒服的笑容以及穩定的情緒，就算有些無理取鬧的客戶，對她大小聲，她依舊保持一貫舒服溫和的服務態度，讓客戶漸漸聲音分貝降低，她不受任何影響。我真的發自內心覺得非常佩服，忍不住上前好奇問她說：

「剛剛那麼難處理的問題，妳都可以淡定以對，妳是怎麼做到的，難道妳不會生氣嗎？」

H同事：「不會呀！就是一份工作，把客戶的問題處理好就可以啦！」

我再好奇詢問：「請問妳在家裡，妳的父母親是不是很少在妳面前大聲爭吵過？」

H同事：「對！我爸媽沒有在我們面前爭吵過耶！」

這一刻讓我深刻感受到，原來父母的思言行深深地影響我，而我的思言行也默默地影響著我的孩子。原來簡單的好奇心，竟然可以帶給我這麼真實的體驗與收穫，實在是太棒的禮物了。透過好奇看見，與聆聽他人故事，越能理解什麼叫做「事件是中立」，進而縮短情緒起伏的時間，也越能換位思考，越能產生同理，避免主觀習氣，善用客觀視角，讓自己比以前的自己更進步。

「好奇心」，好重要！

好奇心，其實就是一把開啟內在很重要的神奇鑰匙。它有翅膀、有愛心，可以飛向自己的內心與他人的內心，我們一起用神奇鑰匙轉開，推開這一扇大門。從現在開始培養與另一半對話、與孩子對話、與父母對話、與親朋好友、同事主管部屬對話，提升自我內在價值力量，增添內在的厚度。

前面提到外套的故事，現在來跟大家分享故事後半段。小孩仍不想穿上外套！透過學習東方心理學後，若我是那個媽媽，我會試著問：

「是不是這一件紅色外套的顏色你不喜歡？還是媽媽幫你換一件黃色的外套？」

孩子：「不是。」

我：「所以你現在不是針對這件外套的顏色不喜歡囉！如果你現在不想穿，沒關係，那我讓你帶去學校好不好？」

孩子：「不好！」

我：「那媽媽這樣會有點困擾了，你覺得這個外套顏色是可以的，你沒有不喜歡這個顏色但你也不願意帶外套去學校？可以問問你發生問題是我沒有注意到的嗎？」

孩子：「因為那個外套太厚了，肩膀帶子很緊，背著書包，我不要。」

天啊！原來他是為了這個原因而不想穿外套，但我們做父母很會用大聲怒吼的方式，讓孩子乖乖依照我們的話去做就好。我們做父母的就是不願意花一點時間陪著孩子尋找背後的原因，你願意多花一點時間對你的孩子好奇嗎？

再舉一個例子。晚上在家會有洗澡時間，這一天，兒子想要在家裡踩小小台的三輪車，雖然空間不大，但孩子總能玩得不亦樂乎，我跟他約定5分鐘後浴室集合。

我：「時間到囉！」

兒子：「我還想繼續騎。」

我：「你還想繼續騎呀！發生什麼事了啊？」

我們盡量練習不在第一時間說「不行」。

兒子：「我在找停車位呀！這裡寫滿位，零。」

我：「你在找車位呀，那裡沒有了，你要不要去另外一個停車場找找看？」

兒子：「好啊！」

他就把三輪車騎往原本家裡安排的位置。

兒子：「我找到洛陽停車場，這裡有27個位子耶！」

我們順利結束遊戲，並在浴室集合。只要我們願意多一點好奇，陪著孩子探索，會發現生活上確實可以得到意想不到的樂趣。

第三個例子，以下截取幾段重要的對話。平日會安排時間做諮詢服務。這一天晚上透過朋友介紹，來了一位身著白色上衣，剪了俐落的短髮的女性，自然的打聲招呼即坐下。我事先知道她嫁到日本，我主動請問她的人生使用手冊並打開來看，透過好奇觀察，看她的服裝品味、說話方式與語氣，我開口問了第一句話：

「請問您是自己做生意的嗎？」

她表情相當驚訝問了他的朋友說：「你有跟她說嗎？」

朋友回應：「我沒有耶！」

她很好奇的問我：「這個可以看出來哦？」

我連忙說：「沒有沒有，我只是在銀行工作一段時間，對於顧客的衣著與語氣，會散發一些氣息，才會直接問問，所以您是老闆，對嗎？」

她回答：「對啊。」

透過人生使用手冊，可以讓我們更瞭解當事人的本質與關係上的狀態。對話過程，也需要一一向當事人核實。的確，她今年在生意工作上表現上會相當出色，在日本、台灣，都要開創事業，未來想創立慈善基金會，去幫助更多的人。

「您今年跟您先生關係，感情還好嗎？」

「對！我今天就是要來跟妳問這個！妳幫我看看，今年我可不可以跟我先生離婚？」

「可以……」我話都還沒說完，她立刻接著說：

「你們學諮詢的都是這樣回答的嗎？」

「您可以離婚，也可以不要離婚，決定權都在於您。我們學習東方心理學不是拿來這個來決定您要不要離婚，況且人生是處在一個不確定的系統中，我們透過人生使用手冊，提醒我們可以往哪些方向做加工。」我繼續說：「我想要多瞭解一下，您與您先生發生了什麼事？」

「我先生生了一場病後相對軟弱，而我的事業版圖越來越大，家中的經濟收入也多由我來支付居多。」

「了解，亞洲國家大多屬於男尊女卑的觀念，看得出來您辛苦了，扛起相當大的責任。」

她默默掉下眼淚……我接著說：

「是誰規定我們一定要符合傳統的眼光？是誰規定家一定要由男人來扛？為什麼不能由新時代女性來扛家計？為什麼我不能是女強人？我們可不可以接受，老公在家顧小孩！我們能不能不要在意外人的眼光，我們家裡的事由我們自己來決定。我們能不能接受我的先生就是家庭主夫？家是個重視感受的地方，但現在這個家沒有通上電，沒有愛的訊號。你們互相在爭奪小孩的監護權，似乎沒有這個必要。因為您還是很在乎很期待孩子能在完整的家庭下成長，您希望不要讓孩子走到要選擇跟爸爸過生活還是跟媽媽，對嗎？」

「嗯。」

「您有看見您的先生，其實相當無助躲在那個角落。我們很願意花時間去設立基金會幫助別人，但我們就是不願意伸出援手，回頭幫助自己的先生、拉他一把，我們就是不願意。如果整個狀態角色翻轉，您是在牆角的那個人，您會期待您的另一半伸出援手拉自己一把嗎？」

「好，謝謝，我大概知道了。我會回去好好考慮。」

幾個禮拜後，收到訊息，她向我道謝，也跟我分享他們沒有要離婚了。

好奇聆聽當下的感受，客觀提醒受到過去傳統的約束，引導當事人思考看見背後的原因，運用換位思考及同理心，給予當事人最大的祝福，尊重當事人最後的選擇。

好奇提問，並且關注看不見的情緒感受，好奇對話過程中也需留意是否給人舒服的感覺。透過好奇這把神奇鑰匙一轉開，門一推開，我們的人生就開始往上走，一步步走進自己與他人的內在世界，持續提升我們內在價值。

慈悲

「慈」代表和氣善良；「悲」代表哀傷悲傷。

慈悲來自佛教的語言，慈表示給予眾生溫暖快樂，悲表示拔除眾生痛苦。

慈心就是給予歡樂溫暖愛。悲心如何解釋？舉幾個極端的例子供大家參考。

某一天走在路上，看見一隻雞被砍斷頭，身體在地上跳動，看完你能沒有任何感覺嗎？你的內心是不是產生某種不捨的感覺，感受到難受與痛苦。某天，看見一隻猴子被關在一個木箱中，猴子呈現惶恐表情，有人拿著槌子往猴子腦袋上用力敲下去，猴子發出哀嚎聲，身體在箱子裡不停扭轉，而人就只是為了想要吃到新鮮的猴腦。看完你能沒有任何感覺嗎？這種感覺很不舒服，這就是慈悲心。

慈悲除了嘴上說說，更應該有實際的行動。

某個王國裡，王后平時的打扮樸素，飲食相當清淡。某一天，王后突然向國王開口：

「今天我想要辦一桌滿漢全席，可不可以幫我準備酒呢？」

國王很納悶好奇問：「妳怎麼突然想辦酒席？」

王后說：「因為我可能再也吃不到這麼美味的食物了。」

「怎麼會呢？」

「因為御廚讓您動怒，我再也吃不到了。」國王聽完立刻下令取消將御廚處死刑。王后不顧自己的生死，冒著自身的安危拔除御廚的痛苦，勇於幫助他人，這就是慈悲心的呈現。老鷹直接飛撲攻擊小雞，小雞媽媽會奮不顧身保護小雞，這也是一種慈悲心，就是一種無條件的給予。

我們能不能對於身旁的人事物都抱持著好奇、給人舒服的好奇？

好奇是與人對話中不可缺少的一環。從覺察、看見、好奇會帶來同理、換位思考、慈悲心，透過持續練習，將會明顯提升自我內在的厚度與寬度，對任何事件看法會越來越中立，祝福大家，內在越平靜自在。

作者簡介／

英國諺語：「好奇心殺死一隻貓」，意在警示人們如果好奇心過於旺盛，可能會令自己身陷危險。

在 2014 年因為一場演講，我接觸了東方心理學，產生了大量正向的好奇，投資自己的大腦，進入這個大家庭持續的學習了解本質，並看懂自己的狀態。

不同的本質，會對不同的人事物感到好奇，每天只要簡單的觀察自己，對自己的感受好奇，對周圍的人正向的好奇，簡單的微笑、簡單的正面文字回應或動作，並且付出關心及行動，就可以產生不同的生命連結。隨時都可以收到老天爺要送給我們的生命禮物，正向的好奇心，會為自己及周圍的人產生同理心、慈悲心，成為生命的助力。

好奇會帶來慈悲 2

文／何曉燕

你們知道，世界上最好奇的是誰嗎？很多人都會說是小孩或寶寶。嬰兒給人的第一印象就是很純真善良、沒有煩惱，站在嬰兒的角度立場來看，對人沒有惡念的，就保持很天真、很可愛、很乾淨的狀態，對任何事都是觀察很緩慢，並且充滿著好奇。情緒上也是很簡單，肚子餓或是身體不舒服，就會用哭來表達；一點點開心就用笑來表達，如此的簡單。我曾問媽媽：「在我小的時候，會不會很好奇，一直問一直問？」媽媽說：「妳會呀，會一直問一直問，真的很煩。像哥哥都不會這樣，他都很安靜的躺在娃娃車上自己玩手，或自己玩口水。妳就特別的好動，跟哥哥個性相較之下，真的差很多。」聽完之後才發現，我跟哥哥從小就有這麼大的差別，原來我是從小就是一個充滿好奇的寶寶。

為什麼長大後我就不好奇了？

嬰兒為什麼可以很簡單？只要有喝奶、有抱抱，很容易滿足、很容易開心？因為他們內心的欲望很少、想法很簡單，所以沒有煩惱！

那我們為什麼隨著時間的成長，長大後反而越來越不好奇呢？反而不容易開心呢？失去了開心的感受，忘了怎麼好奇，任何事情對你而言都不再有新鮮感。因為我們有太多的煩惱，我們在關係裡跟主管處不好、跟老公老婆沒話聊、跟小孩無法溝通、想要的名聲、地位、財富自由總是得不到……內心的欲望越來越多，我們的好奇心自然就會越來越少。

為何會好奇？

好奇是從哪裡來的？我們要去哪裡找好奇？大家一定常聽到好奇心好奇心，沒錯，好奇確實是從「心」來的，當我們把封閉的心門打開，開始用心去觀察探索，向內看自己，就可以找到我們的好奇心。

好奇是最棒的生命禮物

為什麼我們走在路上，看到陌生人的背影，會感覺胸口悶悶的，或是看到這個人會很想哭？好像可以感受到他很辛苦。那為什麼看到某個人的時候，會很開心，很想靠近他，特別想要擁抱他？你們有沒有想過，我們從來都沒有好奇自己，為什麼我們的內心會有這些感受？我們忽略了一次又一次好奇的機會，就會無法收到生命的禮物。

如何從好奇突破界限

我們該如何從好奇去探索界限內的自己，以突破界限的思維？

什麼是界限？你們有沒有看過命案現場？命案的現場外面都會拉一條封鎖線，那封鎖線就像界限，如果我們都沒有穿越這界限，進到房子裡面，我們就無法了解在這房子內到底發生了什麼事情，看不見命案的真相，我們只能穿越封線，進去命案線場才會知道真相，才能去開始探索真正的原因。

以身體為例子，界限就像是皮膚一樣，皮膚以內，就是界限內的自己，皮膚以外，就是界限外的自己。去思考，我們人生在意的是界限外還是界限內？百分之99%的人，跟家人、同事、朋友、小孩，都在討論界限外的事，少數人會去真正探索界限內、皮膚內的自己，導致常常被自己的思維去障礙住，自我設限，想法到哪裡，知識到哪裡，結果就在那裡停住了。

跟誰探索的重要

在探索人生的旅途中，跟著誰探索，其實非常重要！

如果我們跟著巨人探索，會找到什麼？會找到更寬廣的世界！

如果我們跟著蜜蜂去探索，會找到什麼？會找到美麗的花朵！

如果我們跟蒼蠅，會找到什麼？其實是廁所。

那有沒有可能連蒼蠅都不想讓我們跟呢？當然有可能啊！為什麼連蒼蠅都不想讓我們呢？因為我們跟蒼蠅的關係不好！你連跟蒼蠅都相處不好，是不是很慘？確實很慘！那我們需不需要透過學習，看懂自己，提升自己的狀態，修復好關係？這樣，巨人才願意讓我們跟，蜜蜂才願意讓我們跟，這樣子我們才有資格去選擇，要不要跟蒼蠅，而不是讓蒼蠅選擇我們，所以跟著誰一起探索，真的很重要。

如何從好奇進入探索

在這過程中，有一個很大的關鍵：同理心。什麼是同理心？

就是設身處地為他人著想，換位思考、將心比心。透過東方心理學的學術工具去與人對話，真實的與人互動，我們就可以去同理對方的感受，看懂對方內心深處的渴望，看懂對方目前卡在什麼關係的狀態中。

「將心比心」李伯伯的故事

我在2012年到某百貨做生意，常臨停在附近停車場的B3，幾乎每星期六日都會去做生意，時間久就認識了停車場的收費員李伯伯。一開始我就跟一般人一樣，很冷漠，只是單純的在停車消費、離場。你們想像一下，在那樣空氣不好、很多汽車廢氣的環境裡，當停車收費員在小小的空間裡面，舒服嗎？如果你的家人在這環境工作，你會是什麼心情？而且大多年紀不小，都超過退休年齡，你是不是會跟我一樣產生好奇呢？記得有一次，剛開到B3的停車場，當時的我看見李伯伯在跟一位貴婦吵架，那位貴婦頤指氣使的一直對著李伯伯破口大罵外加恐嚇，態度非常兇：

「你是怎麼搞的，你是不是收黑心錢啊，竟然讓我的車位給人停去了，你到底是有沒有長眼呀？你是不是不想工作了？我等下馬上跟管委會投訴，你相不相信你明天就不用來上班了！」

你們知道嗎？當時在車內的我，感到非常的生氣，很替李伯伯打抱不平，又有點難過，怎麼有人可以這樣子欺負老人家？但是我沒勇氣去阻止這場爭吵，突然靈機一動，立馬下車，拿起我的手機，打開錄影模式，開始從背後開始錄，錄到那位貴婦發現我為止，當她發現我在錄她的時候，她有點驚慌失措，立馬停止了她的行為，並且匆匆離開，幫李伯伯解了圍。看著李伯伯情緒仍然高吭，無法平靜。我跟李伯伯說，別跟這樣的人計較。

我們因為這事件拉近了彼此的距離，進而對李伯伯有更多的認識，好奇他為何年紀都70幾歲了，還在這裡工作？李伯伯外表看起來是很有學問，飽讀詩書的人，原來他以前是在公家機關，專門負責路樹工程的，永和四號公園的樹就是他負責的，是一位樹達人、樹醫生。為何會在那裡工作，也是有段心酸的故事，如今他已經80歲了，我們認識了6年，在我人生第一場的演講，他就像我的父親一樣，來到現場，無私的支持著我。活到老學到老，學無止盡，讓我感受到老天爺讓我們在這個時間點相遇，是冥冥之中的安排，是老天爺送給我們彼此的生命禮物。

當然，我好奇自己為何會對這樣的老人特別的關心。

原來是因為在原生家庭裡，我跟父親特別的親密。如果你是跟奶奶、媽媽比較親密的，相對的你們在這社會，就很自然的會跟這類的人親近。如果在家都沒爸媽陪伴，都是貓咪、小狗寵物的陪伴，那麼你出社會就可能特別會去關注這類的議題，像這樣子的關聯性，就是同理心。

好奇而產生慈悲心

Youtube有一部影片《It's beautiful day but I can't see it》（今天是美好的一天，即便我看不見）你們在這影片看到了什麼？是不是就跟我們走在路上的狀況一樣，人來人往，看見弱勢族群，有的人很冷漠的視而不見，有的人給予零錢。但其中一位女生，因為好奇，發現了板子上的字原本寫著，「我是盲人，我需要幫助」，更改成「今天是美好的一天，即便我看不見」，這女生因為好奇，透過探索，站在這位視障的角度去同理反思及智慧，讓文字更有力量，間接的幫助了這位視障老人，這就是好奇會帶來慈悲的案例。

無論是現實生活中或是線上虛擬世界，常常會使用通訊軟體，是不是也可以去覺察去探索觀察朋友圈的訊息。當看到朋友或是陌生人狀態不好的時候，是不是也能透過文字的力量，做出正面的回應、進一步的關懷，去給予、去利他、去助生存、去無私付出我們的愛，去創造一個善的循環。

為什麼會對這影片有感？因為在現實生活中，我發現自己跟這女生很像，當看到弱勢或是身障朋友，內心都會特別的不捨，總希望能為他們做些什麼？總希望他們能越來越好，原來是從小父母親給我的身教來教我們，對人要好，不要看輕任何人，要有愛心。記得小時候，如果有精神異常的老人，或是流浪漢出現在家的附近時，父親就會我我快點準備食物及水給他們吃。父親成長的30年代生活是非常貧苦、物資非常匱乏的，因為自己親身經歷過那樣的過程，反而可以更加同理同樣辛苦的人。父親在臨終前，還語重心長的提醒我：「對人要好，不要與人結怨。」我非常感謝父親給我這樣的生命禮物及提醒。

涂師傅的故事：突破界限思維、拓展生命界限

在2016年，某天跟朋友到視障按摩店按摩時，透過與人對話，好奇的問了按摩師父的心路歷程。當時我的狀態，其實是很負面的人，聽到他從小青光眼開刀20～30次，28歲之前是一位國中代課老師，他小的時候並不知道他眼睛不好，還會因為要去開刀，而自豪驕傲的覺得自己很特別，長大後才知道自己跟其他人不一樣。在他看不見的時候，身邊有很重要的朋友陪伴他，並且透過宗教的力量，帶他渡過這樣痛苦的過程，讓自己慢慢去學習接受。空閒時間也會去學武術、認養小孩、浮潛。聽完他的故事，心裡很難過，那需要多大的勇氣去突破恐懼？因為他都做到了，才能說得這麼得輕鬆自然，如果換做是我，我做的到嗎？我怎麼這麼的負面、這麼的不懂感恩！那天按摩結束，我決定等他下班，送他到捷運站。看起來只是一個很

小的事情，但是他卻很開心的收起拐杖，在我第一次帶視障朋友過馬路的那瞬間，突然感受到，平常走的這麼習慣的馬路，在他們的世界裡是如此的危險、不安全；原來看得見是這麼幸福，我從來都沒有因為我看得見，好手好腳感恩我的父母親，送他到捷運後，讓我檢討了很久，把感恩的標準降到最低，以拓展生命的界限。

日前透過 LINE 得知，安崧視障按摩店的朋友凃師傅，最近生意不好，讓他想要找其他的機會，想申請到公司行號去駐點，增加收入來源。當下的我，聽到這樣的訊息，內心很不捨，還能為他做些什麼呢？就透過網路的力量，透過社群的力量，去支持這家店，去支持這位師傅，透過文字的力量寫了一些關於凃師傅的簡介，標題就寫「平安夜，這是美好的一天，即便我看不見」，花了一天的時間，發佈訊息，邀約了4位陌生朋友一起響應這活動，到店裡去，做助生存利他這樣有意義的事情。

視障朋友林志龍的故事：不預設立場，做就對了

在店裡等待按摩的過程中，看到一位生面孔，他叫林志龍，外表非常年輕，第一印象，讓我對他產生了好奇，開始與他對話，分享了人生使用手冊，與他對話，讓他看懂自己的本質，他反而好奇我是怎麼邀約的，跟他分享ＡＰＰ，對話約5分鐘，他要我幫他下載的那剎那，我才知道，原來他看不見，因為他的眼睛外觀看起來的是如此的雪亮正常，我的手在他眼前揮了揮，問他，你真的看不見嗎？他說他只看得見影子。在分析過程中，我說：

「你很會寫文章！」

「你怎麼知道？」他很訝異，於是分享國中就開始寫文章投稿賺取收入，曾經在網路上寫長篇小說，也得過獎。但是他說，寫文章賺錢收入太低了，不太穩定，

還是去做按摩，我好奇問他是何時看不見？他說是在14歲那年。13歲時住寄養家庭，會去打工寄錢給媽媽，在14歲時，醫生說是受了刺激，驅動遺傳基因，在短短的1個月內，視力降到了0.01，後來到啟明學校就讀，也學了按摩。一路上跌跌撞撞，只能靠自己學習摸索，只能不斷的去思考：「像我這樣的人，未來除了做按摩，到底還能做什麼？」他也去嚐試飛行傘、水上摩托車、大量的閱讀有聲書，連續幾年成為彰化師範大學有聲書借閱率都是第一名。

在他27歲那年，以個人名義，簽下與台北圓山飯店的合作，到他現在的整合行銷，網路上有很多他的採訪，與全台灣兩百多家四五星級飯店合作，也會到處去幫弱勢團體、勞工局、公司行號、學校去做生命教育、職涯規劃、溝通、行銷的相關演講，分享如何從一個按摩師到創立世路有限公司？如何在全台十幾萬視障朋友裡，唯一可以從事商業行為，並且透過整合行銷，成為ＯＫ便利商店的供應商？希望能幫助更多的弱勢朋友，找回生命的價值。

取名為「世路」，是社會的意思，取之於社會用之於社會，希望能做更多回饋社會的事，像他這樣需要別人幫助的人，內心力量如此強大，一直在想「利他、助他」的事情，創造人生的奇蹟。分享的過程中，雖然他眼睛不太好，在整個很有內容的談話過程中，我卻被他的生命故事感動。

他會一直告訴自己：「做就對了，不要放棄！失敗一次，還有第二次，第三次，不要放棄！」他不斷突破自己、挑戰自己。透過與他的對話反觀自己，深深檢討自己，這幾十年，多數時間都花在哪裡？到底為這社會做了什麼？像林志龍這樣眼睛不方便的人，都能用盡任何方法，透過有聲書大量吸收知識，運用在工作上，獨立自主生活，那我還有什麼藉口，為自己自我設限？像他這樣慈悲大愛的人，總想到同樣弱勢的人，想去幫助他們的心念，真的非常值得我去學習。

你們不會好奇我是怎麼跟視障朋友傳 line 嗎？原來是 iphone 手機裡有盲人模式，我還特地上網查，原來是一位盲人工程師發明的無障礙設計，當我在看他們使用手機的時候，也在網路搜尋，如果看不見還能做哪些工作？

在台灣有75％的視障在做按摩，有一位盲人律師，也有心理諮詢師，在美國卻有兩千位的盲人律師。我也曾問朋友，是否會想來學東方心理學？他說可是他看不到對方表情，無法觀察對方的情緒。後來我在網路上也搜尋到了天使眼鏡，可以幫助閱讀及觀察對方表情，所以未來，視障朋友要學習東方心理學的時候，就可以突破困難了。在我們的生活圈及關係裡，花多少時間在好奇什麼？我們的狀態、結果就會在那裡，好奇可以讓我們關係改變，人生轉變。

如何喚醒內在的慈悲

慈悲定義：關懷、利他、無私奉獻不求回報。

在東方，我們會想到觀世音菩薩，因為祂總是聞聲救苦，慈悲喜捨，救苦救難，讓眾生離苦得樂。

在西方，我們會想到耶穌。

在家裡，我們會想到父母或是照顧你的人。

在學習環境裡，我們會想到老師。把慈悲標準降到最低。

「無論發生什麼事，對方花時間在你身上，就是一種慈悲。」——游祥禾

為何我們總是不開心不快樂？因為當我們忘了好奇、忘了同理，我們就無法

給予、無法關懷、無法無私奉獻。

其實，我們每個人內在都有慈悲心，只是我們忘了去練習，忘了去持續的付出、給予、關懷。當然慈悲也要懂得去拿捏，不濫發慈悲心、不做爛好人，在對的時間做對的事，需要不斷的去練習，累積智慧去分辨，做出正確的選擇。

在家庭關係裡，我跟媽媽關係並不好，從小很少陪伴，很少傾聽，很多的應該跟必須，這樣的關係，長達30幾年無法溝通，常常會有衝突。總覺得她都不了解我，她給我的都不是我要的，只會一直要我按照她的方向走。後來。我進入東方心理學的課程，在環境中學習，透過工具，大量的與人對話、學習經驗，經過了數百次的練習，一次又一次對媽媽的成長故事感到好奇，也找到了相處溝通的方式，給她喜歡也給她需要的。

當我跟媽媽的關係連結越來越好、頻率越來越近的時候，我開始慢慢越來越同理媽媽，開始懂得如何對媽媽慈悲，就如同她對我無私的付出，是一樣的道理。

我們常常會心有靈犀一點通。常常媽媽想什麼我都會知道，這是因為我們的心打開了，彼此的能量共振了，在愛的關係裡，想到媽媽不再是壓力，而是感恩、是祝福。

無論你們目前跟家人、朋友、感情、工作上關係的狀態如何？現在是否在人生低潮？是否也是社會的弱勢族群？每天都可以透過與人對話，透過學習，從小地方開始觀察，開始練習對周圍的人關懷、付出、利他，**讓自己時時保持好奇心，豐富我們的生命，喚醒內在慈悲，讓我們關係幸福和諧，最後好奇一定可以為你的生命帶來更多的慈悲。**

作者簡介／

曾經，我是個目中無人且滿滿負面能量的人，直到我不斷與人對話，並從中找回自身的力量。

超過十年的諮詢經驗中，不斷看見一個人如何從萬念俱灰，重新回到生氣盎然、如獲新生，而一切改變的源頭，全都來自於對話的力量。

這給我帶來很堅強的信念，相信每個人都擁有自我療癒的能力，只要夠清楚的察覺自身，並啟動與人對話，這股豐盛力量終會回饋到我們身上。

謝謝你們透過文字陪伴我。一如透過對話般的充滿力量，我是黃世鑫，你們好嗎？

對話的力量 1

文／黃世鑫

對人好奇會帶來慈悲，進而想與人對話。而透過對話，可以帶來強大的力量。
我不知道你們相不相信對話的力量，但是對於心理諮詢師來說，這是絕對肯定的事情。
2018 年我開始到心理學研究所進修，透過西方對心理學科學的研究，加上東方心理學對個人本質的研究，我更相信對話能產生的力量，而且不只是接受的人會得到力量，給予的人將回饋收到更多力量。

「會說話」的定義

很多人可能以為「對話的力量」是要教人「說話」。很抱歉，這次不是要你會說話，因為會說話不等於優質的對話。

我們先想一想，自己是屬於會說話的人嗎？或者，會說話的人擁有什麼樣的特質呢？熱情？外向？條理分明？擁有這些特質的人才算是會說話，對嗎？

絕大多數的人都覺得自己不會說話，尤其要在大庭廣眾之下發表言論，更是覺得自己跟啞吧一樣，真希望自己是個外向的人，就可以能言善道了。我們經常把「個性外向」跟「能言善道」畫上等號，因為不善於表達就是個性太內向，所以我們更無法與人對話，更別提對話的力量了。

但，事實真的是這樣嗎？

讓我們從幾個簡單的小問題，來看看我們有沒有內向的特質。

第一、聊天過程中，因為需要多點時間思考，所以說話速度會比較慢。

第二、習慣做事情前都要預做準備。

第三、從小就對別人的長相很不敏感，經常認錯人或者叫錯名字。

第四、在公眾場合跟私底下的樣子差異很大。

以上四項如果有一項以上符合，基本上就具備內向特質。事實上，多數人或多或少都會有內向特質，只是程度高低而已。而那些我們認為很會說話的人，一定也具備內向特質。難道內向的人就不能發揮對話的力量嗎？

事實正好相反，因為優質對話具備的第一要點不是說話，是「傾聽」，傾聽才是對話最核心的價值，而內向特質的人恰好最善於傾聽。

原來，我們都具備了開啟對話力量的鑰匙。

溝通姿態決定對話品質

下一步則是最多人忽略的「溝通姿態」。溝通姿態決定對話品質，那，什麼叫做溝通姿態？

回想一下，今天從早到晚，我們遇見的每一個人：爸媽、配偶、子女、老闆、同事、超商店員、公車司機，甚至是問路的路人，我們是不是會用不同的對話方式來面對他們？

譬如，見到老闆就畢恭畢敬，跟同事講話就吵吵鬧鬧，回到家看到小孩又要拿出為人父母的架子，這就是溝通姿態。這種關係沒有人教我們，但是已經無意識地融入在生活裡，在每一次對話中，一旦溝通姿態確定，基本上對話內容就容易僵化，言語中傳遞的正面力量就消失了。

我遇過一位來訪者，年紀不大，結婚八年，有兩個孩子，最大的哥哥今年七歲。很不幸的是，她在兩年前得到乳癌，當下馬上就進行治療。但在治療期間，先生不但外遇，還帶著小三回家，然後對著太太說：「都是因為妳生病所以我才會有外遇，我沒有辦法跟妳繼續生活，但是我不會主動離婚，妳自己看著辦吧。」

一問之下才知道原來先生是在台灣工作的日本人，非常大男人個性，從交往期間就是男人說了算，女人就是負責照顧家庭帶孩子，從交往到結婚將近十年的時間裡，她從來沒有對先生大小聲過，凡事都是逆來順受。

我們相遇時，她的癌症復發而且轉移了，我問她現階段最想做的事是什麼？

她說：「我想要勇敢跟先生說我要離婚，但是我不知道該講什麼。」

我對她說：「講什麼內容已經不重要，重要的是妳必須改變現在的溝通姿態。」

溝通姿態早已經決定對話的價值，只是多數人經年累月的漠視，都沒有發現這樣的關係已經發臭、生病了，所以請重新定調自己與他人的溝通姿態，才有重新對話的機會。

看待別人的方式

還有一件事會影響對話的心態，就是：看待別人的方式。

我過去的工作多半是業務性質，每天都會有人成交商品。成交有業績這件事是中性的，但是不同人就會產生不同的對話態度，有人會說好棒，有人會說還好。就像桌上有半杯水，有人走過去會說：「還好杯子裡有半杯水！」也有人會走過去說：「糟糕，杯子怎麼只剩下半杯水！」

不同的心態會決定不同的對話品質，重要的是，有沒有發現自己習慣正面思考？還是習慣負面思考？要改變思維，才有機會提高對話品質。一段對話良好的互動，不是大腦對大腦的對話，因為太理性，容易導致針鋒相對。應該要做到的是「心」對「心」的狀態，讓感性優先理性。

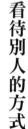

以我的親身經歷，曾經有一段感情要結束時，雙方吵得不可開交，對方最後說了一句：「你這樣也算心理諮詢師？」

這句話給了我一記當頭棒喝。是呀！我到處教別人對話的重要，結果在我自己身上卻失敗得一蹋糊塗，原因是我認為自己被誤會，不是自己的本意，不但急著想表達，還想搶下發言權。但是別忘了，任何對話都一樣，**當你說話時，就沒辦法聽話**，所以一次只有一個舞台、一支麥克風，當兩個人都急著搶麥克風發言時，台下沒有聽眾，這樣的對話毫無意義。

於是我懂了，如果我願意走下舞台、讓出舞台，其實我擁有台下更大的空間，台上說話的人有聽眾，這才是一場有表演者有觀眾的好表演，才是一場有意義的交流對話。

「說」的藝術

我們談到了傾聽，談到了溝通姿態，當然更要談到「說」，畢竟這也是對話中的靈魂主角。

首先，請戒掉說者無心，但聽者有意的口頭禪吧！

譬如「我就知道」、「每次都這樣」、「活該」、「那又如何」、「你怎麼會不懂」、「隨便啦」、「但是」……等等具有負面含意的口頭禪。這類無意義的用詞，只會破壞對話的過程，如果有機會，可以錄下自己平常講話的內容，就會發現我們有多常講廢話，有多常講出無心卻有意的口頭禪。

其次，很多人會說自己天生就不善表達：多說怕多錯，少說怕冷場，那到底應該要說什麼？

確實，因為不同的場合，不同的對象，說的內容都會不一樣，但是只要把握一個原則就不容易犯錯，就是**說話的態度要「誠懇」**。

大約十年前，我在保險公司服務，因為表現不錯，經常受邀去各單位分享，每次分享結束後，最多人問的都是：「請問有沒有這個商品的銷售話術？」

話術往往是對話中最大的盲點，以為只要說對話術，對方就會願意聽、商品就能賣得出去。我們試著回想一下自己的例子，應該都有接到電話行銷的經驗吧！不管是賣保險，推銷信用卡，或是辦貸款，相信多數人對電話行銷的反應都是：「謝謝，我不需要。」但有沒有曾經哪一通電話，是會讓你願意多講兩句，甚至產生購買的衝動？

回想那次經驗，除了商品剛好是你需要的，還有一個原因是對方講話的語氣或態度讓你覺得很舒服，願意再多說兩句，讓你願意放下心防，不擔心會被欺騙，對吧？所以，誠懇的態度遠勝過商品的價值，別擔心你說錯話，應該把重點放在真心為對方著想，自然就會產生誠懇的態度。

內心的感受

最後一個重點是「感受」。對話重視的是內心的感受，當下對話的感受優先，可惜多數時候，我們更習慣給「建議」。例如，好朋友分手了，我們自然會站在朋友這一邊，數落對方另一半的缺點，然後告訴朋友：「分手算了啦，反正對方是個大爛人。」

例如，當朋友在工作上遇到瓶頸，我們也會幫著朋友罵公司罵老闆，或者建議「這個公司這麼爛，每天都要加班卻不加薪，你還是早點離開好了。」

是不是很熟悉的對話？我們都習慣給建議，反正結束之後需要去面對失戀，面對工作壓力的又不是我。一段優質的對話，請先把對方的感受擺在第一順位，這是他想聽的嗎？我這樣說，是不是疏忽了他的情緒？他現在需要的是關心還是建議？這些自我提問，都是為了確定有注意到對方的感受。接下來才是商量，諸如：「我知道你很討厭現在的公司，所以想離職，除了離職之外，有沒有其他的選項呢？」商量之後才是最後一階段，給出建議。

也請切記，任何一個再親密的人，都無法完全感同身受對方的感受，沒有全面了解之前，請不要輕易給出不負責任的建議，因為我們承擔不起別人輕率的決定。

透過對話，可以整理內在繁雜的思緒，就像傷口需要先清創，把雜物移除後才會看到真正的傷口。心理諮詢的過程裡，多數時候我們陪來訪者處理最多的，就是整理雜亂的思緒，多數的煩惱，也是因為思緒太複雜，每件事看起來都很重要、很急迫，所以不知道要從哪一件開始，像一大團毛線球卻找不到起點。

透過對話來斷捨離這些念頭，不重要也不迫切的事情，最後再做，所以現在不要想也不要放在心上。重要但不迫切的事情，放在稍後再做，現階段需要優先處理的就是重要也迫切的事情，是哪一件事？

就像整理房間一樣，衣櫃雜亂、床墊堆滿衣服、客廳也亂、廚房更是油膩膩，我們不可能一次全部下手，所以先從時間內可以完成，而且最重要的地方開始。

當你把傷口清創完，把雜物清空了，才會看見真正的傷口。傷口復原需要時間，傷口可能是失戀，可能是家人離世，可能是工作表現不佳，其實我們自己都知道，這需要時間慢慢復原，但是心裡就像有根刺一般覺得難受。

事實上，有一個能縮短復原傷口，重新拾回力量的方法，就是去鼓舞另一個心靈，去給予別人，去鼓勵他們。也許你會說：「我自己都還大病未癒，怎麼有能量去給予？」然而，對話神奇的的地方就在這裡。

給予的力量

我一直很喜歡台灣阿美族祭師的傳統，想當上祭師的人，必須是受過祭師幫助的人，因為你低潮過，所以懂得需要幫助的感受。有天當你成為祭師，有能力給予的時候，你會發現內心力量比原本的還強大，因為你必須要更勇敢，才能讓害怕的人不再害怕。

現在的你也許很低潮，如果你為了鼓勵另一個也很低潮的人，你的內心就會像電池一樣自動充滿電，看起來是鼓勵別人，結果自己才是得到最多力量的人。對話最神奇的是，內心力量不會在付出後就消失，內心力量是越大方付出、分享，將會有越多回饋在自己身上，這是件雙贏的事。

如果對話能帶來強大的復原力、再造力，那麼我們可不可以將這份力量帶回自己身上？也送給自己一份自我對話的力量。

練習自我對話

自我對話是重新關注、並觀照內在，學習與自己獨處，把注意力放在自己身上，而不要一直擔心外界的事情、工作的事、家庭的事、社會的事、他人的事。

其實，自我對話有兩個很容易上手的方法，第一個是運動。

透過運動的方式可以傾聽身體的回饋，這是騙不了人，如果真要說這輩子陪伴我們最久的是誰？答案肯定是自己的身體，所以花時間好好傾聽身體想告訴我們的事，透過運動找回屬於自己的力量。

第二個是學習。

有句話說讓人變老的不是年紀，而是停止學習。不管我們打算學習什麼，過程中有沒有真正了解，只有自己最清楚，花多少時間有多少收穫，也是騙不了人，學習之後生命的改變更是只有自己知道。

最後，無論我們用哪種方式看待身邊所有的人，彼此都只是彼此生命中的過客，如果是朋友，下一次見面是什麼時候？如果是家人，此生後也可能永不再見。因此好好把握每一次的相遇，把握每一次的對話，養成只要開口就是送禮物的習慣，這一份禮物充滿了祝福，充滿了力量，讓彼此成為生命中最難忘的過客。

作者簡介／

我是陳駿逸，從過往與他人的對話中，漸漸發現對話除了是語言的表達與傳遞外，更是顯露自我價值觀與看待世界的最佳方式。

如果我們沒有出眾的外表、高雅的氣質，也沒有不斐的身價與響亮的名聲，若想在第一時間能夠吸引他人、影響他人，該具備什麼條件？

透過說話，就帶有一種力量。它可以令人感受放鬆與溫暖，也能帶來情緒與憤怒，徹底反映出一個人的意念與修為。從生活中每天細微的對話開始，我們就已經開始為自己生命注入了意義與價值。

對話的力量 2

文／陳駿逸

首先問大家一件事：從出生到現在，人生的歷程中，大家覺得做最多且重要的事是什麼？曾有人回答睡覺。睡覺的確重要，我本人也愛睡覺，以前單身時自己睡，結婚後開始跟老婆一起睡，現在有女兒了，讓我聯想起劉德華的經典名曲《最怕妳跟別人睡》；也有人回答吃飯重要，這點我認同，不過還有一件大家更常做的事，非常符合今天的主題，就是對話。

我們是否在進行有效的對話？

大家是否發現，我們從出生開始，大部分時間都在與人對話？或許有人說，我可以獨處，可以一整天都沒與他人說話，那麼，我們有辦法一整年不與他人對談嗎？這實在是有難度，因為小到從便利商店買東西、在外吃頓飯，都需要與別人對談。在交談過程中，我們的一言一行，往往傳遞出自己的情緒及期待給予對方，令對方感受到能量。在生活裡，透過一個小小行為，即使只是一句謝謝，都能令我們感到開心；反之，別人透過對話傳遞自身不佳的情緒，也會讓我們感到情緒低落，由此可見，對話本身具有影響力量。

我想先分享兩個案例，第一個案例是關於我女兒。我女兒目前國小二年級，我常在傍晚去安親班接她回家，下課後的安親班其實是個非常有趣的「戰場」，因為在這裡你會看到，一堆家長來接送自己的小孩，時常上演父母與孩子的對立戰爭。在那個當下，我會非常好奇，究竟其他家長平時如何與自己孩子對話。某次特別令我印象深刻，當天我就跟平時一樣到達安親班，見到有位媽媽來接自己女兒，當老師通知她女兒回家時，這女孩見到媽媽的第一句話卻是：

「怎麼是媽媽……那爸爸呢？爸爸說他今天要來接我。」

媽媽：「可是爸爸今天臨時要加班，所以換我來接你。」

女兒：「可是爸爸答應今天要來接我，我想要爸爸來接我！」

媽媽：「我跟妳說了，爸爸要加班，我自己也是提早離開公司來接你，我今天可是很忙碌耶！」

女兒：「我就是要爸爸來接我……」接著就直接大哭了。

我當場傻眼，心裡想為何小孩會有抗拒？一方面又想在這個節骨眼上，這位家長的壓力一定很大，因為其他家長的目光都在他們身上。媽媽接著很生氣地說：

「我就說了爸爸加班，我來接妳不行嗎？妳一定要這樣吵鬧，惹我生氣嗎？」

如果我們是那位媽媽，我們該如何處理？在當下的空間裡，被其他家長的目光關注著，就如同八點檔連續劇般的戲劇張力，當事人壓力肯定很大，而我看到這位媽媽只想當下快點把事處理完畢，跳脫這個環境，把女兒帶走。

第二個案例是有關業務員與客戶的故事。這是發生在 2018 年初，當時我已經在金融業服務了一段時間，因此每當朋友有銀行相關問題時，總會請教我或請我幫忙處理。我這位朋友的案件比較特別，2016 年買的預售屋，在 2018 年交屋，不過這個預售屋對銀行來說，卻是棟屋齡高達十年的老舊房子。原來這十五層的大樓，其中一到四樓是商用住宅，多年來招商狀況不是很好，因此建商買下一至四樓並重新裝潢做隔間後，以預售新屋的價格來銷售，而朋友正好買了這物件，當建商準備交屋時，朋友開心地拿著買賣合約去銀行申請貸款，心想辛苦多年，終於可以擁有自己的一個家。但此時銀行卻告訴他，這是一棟十年舊大樓，雖然建商重新整理裝潢過，然而對於建築結構體來說，它還是屬於舊大樓，銀行只能按照舊大樓的市場價格來做房貸撥款，這個結果比照我朋友簽約的實際購買價格，落差非常大。於是我們開始周旋在不同銀行間，每次問到各家銀行的貸款時，幾乎銀行的標準話術都是：我們的利率是業界最低、貸款速度最快、流程最簡單、免保人……包裝話術一大堆，客戶明明最在意貸款金額，其他條件不是重點，甚至貸款金額談攏了，貸款利率收較高都沒問題，資金能周轉才是重點，幾年後就準備把全數貸款給還清了。當務之急是搞定房子的交屋款，許多銀行一開始都再三保證沒問題，後來交涉了幾個月，搞得筋疲力盡，最終貸款金額卻還是無法處理。

經由這兩個案例，我們可以理解，為什麼這些日常對話，都無法達到效果？我們分別在傳遞各自的理念，是否有達到傾聽的效果？究竟為何我們的對話總是無法達到傾聽？

我想主要可分成兩個原因：

一、期待未被滿足

當我們與別人溝通時，往往帶著自己的期待，而這個期待是否被對方所接受？

除了上述的安親班案例外，另一個地點也是父母與孩子的主戰場，就是便利商店。每次我帶女兒去便利商店時，就開始覺得壓力大，通常我只想買瓶豆漿就回家，但我女兒會說：「好啊，你先去買，我在糖果區逛逛。」當她講逛逛這兩字，我就可以預期接下來會發生什麼事，她會說：「爸爸我可以買這個嗎？可以買那個嗎？」，幾乎所有的小朋友都有相同狀況，當父母帶小孩去便利商店，都會碰到類似的棘手難題；試著去想像一下，如果我們的生活圈中，有位朋友或家人，每當我們與他聊天溝通時，他的第一種方法就是用指責的對話：「我覺得你這樣不對，你那樣也不好。」聽到這些，我們的感受會舒服嗎？會想要繼續與他深談嗎？

接著他又開始轉換第二種對話方法，開始跟我們講道理，不管我們想不想聽、心情如何，開口閉口的言論都是從道理開始，我們應該會覺得索然無趣吧。

第三種對話則是改用命令的：「我跟你說，事情沒處理完不准給我回家！」、「話沒說清楚，今天休想離開！」如果，我們每天都被這三招對付的話，我們會覺得開心嗎？可是我們是否發現，大多數東方人的親子教育通通都是採用這三招，我們有在傾聽嗎？小孩的期待是怎麼被處理的，我們的父母其實也都是被這樣教育長大，沿用這樣的模式，在溝通方面實在很難達到我們想要的預期。

二、彼此觀點不同

觀點不同是對話上造成彼此無法傾聽的重要因素。有一次跟一群朋友吃飯，這些朋友多半在運動健身領域，當時我們的話題聊到如何運用飲食來控制身材，第一位朋友說：「我覺得生酮飲食很好，透過生酮飲食可以達到健身跟雕塑身材，而且不用餓肚子影響工作。」

第二位說：「我覺得吃素就好了，少鹽少油，清淡飲食。」

第三位說：「你們有參考過低ＧＩ飲食嗎？效果很不錯耶！」

第四位接著說：「我倒覺得地中海飲食才是王道。」

聽完四位朋友的陳述，我頭都昏了，當下我根本不知該聽誰的。我的心中開始有個聲音，這些方法的精隨是什麼？彼此有開放地研究過不同飲食的精髓所在嗎？

還是自己覺得好，就先入為主把其他方法排除了？很多時候，當事人並沒有深入去理解對方所談的優點與缺點，也許這四種方式都很好，但所應用的體質與適應環境有所區別，或許有種可以結合四種方法加以改良的飲食方式，才是王道。但多數時候，我們沒有去細細了解這些理念，而是用主觀的價值去闡述我們喜愛的論點，覺得自己這個才是最棒的、只要不是我的方法都不好，開始進入到「我對你錯」的二元對立思維。

究竟我們要如何建立一個令人覺得舒服、有效的對話，關於啟動對話的關鍵包含下列幾點：

❶要懂得「望」：

「望」是指觀察，我們要透過觀察，去理解當事人現在所處的立場是什麼？我們要清楚察覺對方的角色與態度，以及所傳遞的訊息。

❷要懂得「聞」：

「聞」是指聆聽，主要去聆聽對方的感受，但做到觀察跟聆聽之前，我們要先屏除我們主觀的立場跟見解，變成一個中性的受體，就如同海綿一樣包容與吸收各方面的資訊，這樣我們才能秉持客觀，避免進入二元對錯的思維裡。當我們觀察對方，並感受對方在事件中的情緒，對於他所散發出來的情感是難過的、開心的、還是恐懼的、或是受傷的、我們都應該要站在對方的立場去思考一下。

❸ 要懂得「問」：

發問與核實，這過程其實相當重要。有句話叫「詞不達意」，人究竟為何會詞不達意？有些人在天生的表達與腦袋上所想的連結並不是那麼一致，所以詞不達意的概念是，在我的腦海中所想是A、B、C、D、E共五樣訊息，但實際上表達出來卻只有B、D、E，因此表達出來的內容與腦袋真實所想就有落差。在對話過程中，我們通常是接收訊號的一方，既然傳出的訊號已不完整，我們的接收又如何達到完整的認知？很多時候，我們必須做再三核實的動作與確認，目的是在接收訊息後，再次重整，重新去建構與重複對方所想表達的觀點，是否與他腦海中一致，盡量做到差異上的最小化。

❹要懂得「決」：

「決」是指決策，指對方對於整個事件，最後希望如何處理？心中所期待、想要、渴望的結果是什麼，而在此事件裡，我們是否有辦法去協助對方完成期待跟渴望？我們慢慢會發現，在對話的過程中，有一個有趣的現象。以我平常跟別人對話的案例來說，大多數的對話問題總離不開感情、工作、健康、金錢、家庭等課題，但其實當事人對於問題的結果，通常心中都有譜，但為何總是遲遲不敢下決定？因為當內心缺乏勇氣，缺乏跨出第一步的力量，總是希望能有一個人給予多些支持、關懷、認同、鼓勵，當獲得能量後，才有勇氣去跨越，去處理面對接下來的課題。

以我的女兒為例，當她二年級，開始參與了人生第一次正式考試，在二年級之前，她是完全沒有考試經驗的。她在二年級開學時曾寫了一篇作文：「我好害怕上二年級，因為會有考試，我害怕我會考不好，這樣子安親班的老師會罵我，我爸爸媽媽會覺得很失望。」老師評語寫著：「妳真的壓力太大了，盡力做好就好。」當時我心想，我從來沒跟女兒討論考試這檔事，對於孩子的成績，我並不是那麼要求，但為何她這樣寫呢？後來我才搞清楚，原來這個作文題目有點難，是安親班老師特地教她的，寫這些內容是因為比較有連貫、多些語句練習，當時我差點暈倒，真不知學校老師是如何評斷父母，轉眼間我們都成了老師眼中的虎爸、虎媽，才二年級就給小孩這麼大的壓力。

到了考前一天，我問女兒明天不是要期中考嗎？是不是該複習一下英文，結果她給了我一個極驚訝的表情，竟然忘記帶課本回家了，該怎麼辦呢？我問她：

「還是我現在帶你回學校拿課本，但現在已是晚上八點，學校關門了，我們一起想想還有什麼方法我可以幫忙的，妳覺得呢？」她說：

「我們明天早點去學校，我去學校看書。」

「好，沒問題！」

結果，隔天竟然又睡過頭！最後她在完全沒有準備的狀況下去參加考試。考試結束後，隔了幾天，我與母親和女兒在一起，女兒說：

「爸爸，我這次英文期中考得九十八分耶！」我還記得當時，我的母親講了這麼一段話：

「那當然囉，從小就讀全美語幼兒園，接著全美語安親班，花那麼多錢，如果還沒考好，就該打屁股了！」

當然，我母親不知道孫女既緊張又沒準備考試的那段過程，很自然地講了這些話。後來我把女兒叫過來，我告訴她：

「宥蓁，爸爸覺得妳很棒，棒的原因不是因為考了高分，而是在沒有準備的狀況下，還能考得這麼好，妳其實要謝謝自己，因為平常的努力學習，這才是最好的考前準備。考試只是個測試自己的工具，分數只是讓我們再次去調整自己，並不用去害怕它，只有自己能讓結果變得美好，爸爸為妳高興，以妳為榮。」她聽完後很開心，我們給了彼此一個大大的愛的擁抱，當時我們彼此心中傳遞著愛與幸福的溫暖。

關於對話的內涵，主要有兩個重點：

第一是不去看當事人的問題，反而要專注於當事人所面臨的困難。

第二是去關心這個「人」，而不是關心這個人的「行為」。

2018年五月，我在台中有場演講，演講主題是針對親子教育及家庭關係，當時有一則新聞令我印象深刻。新聞內容是，有位四十歲的博士，竟然去超商偷了雞腿便當而被移送法辦，我對這新聞很有興趣，特地去了解來龍去脈。原來這位四十歲的博士，父母都是大學教授，從小到大對他的學業要求非常嚴格，只要上課不認真或考試考不好，就會用嚴厲的打罵教育來管教他。在這樣的環境下成長，幾乎把所有焦點都放在學業上，當然也就符合父母的期望，順利完成博士學歷。沒想到，畢業後才是人生考驗的開始。由於社會的少子化，目前普遍的學歷都在大學以上，加上多年來薪資結構沒成長多少，即使拿到博士學歷，在外就業要取得高薪其實真的不容易，就這樣幾年的時間過去，這位博士求職的過程一直不順利。對於工作，他漸漸開始妥協，既然文職的好工作不易找，便開始嘗試勞力工作，他發現從事勞力工作可以有較高收入，但可惜只做了三天，背就受傷了，沒辦法再繼續做下去，只好又回去找文職。可是原本求職就不容易，現在帶了傷人家更是不願意雇用，在這個過程，爸媽卻一直給他壓力，心中的苦，根本無法向別人傾吐，一直生活在這樣痛苦的循環裡，有一天在無計可施的狀況下，肚子餓得受不了，一時衝動跑進便利商店偷了雞腿便當。

當時看到這則新聞，我的內心覺得好沉重，可以感受到他內心的壓力，在父母高度的期望下，誰不希望把好的一面表現給家人看，令家人認同、讓家人安心？可惜，現實的困境對他而言是一個嚴峻的挑戰，他何嘗不是在思考、在摸索，努力去找到一個安身立命的方式與管道？但自從偷了便當後，警察通知他的家人，父母整個大發雷霆，生氣地說：

「難道我們從小給你最好的教育，把你栽培到博士，這就是你報答我們最好的方式？」在得不到家人支持、認同與諒解的情形下，我專注的不是他偷雞腿便當的行為，而是他怎麼了。他內心的感受是什麼？接下來該怎麼去思考？人生該怎麼去定義？他跟父母的關係要怎麼去處理？對我來說，看得更多是這些問題，可是外界的觀感大多是：博士為何還偷便當？一輩子前途都完蛋，讀書都不知讀去哪？把所有焦點，都放在行為上面。我們在對話的時候，應著重在更深層的心理狀態，這才是我們必須要去探討的。

更深的對話境界：對內的探索對話

我先分享行為學家曾做過的一個實驗。首先他們隨機挑選四隻猴子做行為測試，將四隻猴子關在同個空間裡，除了固定的餵食外，在空間某個特定區域擺放猴子喜歡的食物，當有猴子想要拿特定區域的食物，就開始用水柱攻擊所有猴子。這樣的事件重複發生多次後，這些猴子開始知道，如果牠們去拿特定區域食物，所有猴子都會遭受攻擊。當某隻猴子想拿食物時，其他三隻猴子就會先攻擊阻止牠，避免再次遭受水柱的傷害。最後這個行為模式開始轉變成猴子們生活空間的規則與文化，每當有猴子想去拿食物時，其他猴子為了自保，就會轉而攻擊牠；後來行為學家將其中一隻猴子換成新進猴子A，當A要去拿食物時，其他三隻原本存在的猴子就會攻擊他，當時A覺得很驚恐，不知為何會被打，但是久了也被環境馴服，被同化了，不敢再去拿食物；接著將第二隻舊猴子轉出，同樣換隻新猴子B進來，當B拿食物時，同樣也遭受其他三隻猴子的攻擊，當中也包含從未被水柱攻擊過的A。以此類推，當空間內已經全數汰換為A、B、C、D四隻從未被水柱攻擊過的猴子，但牠們還是不敢去拿食物，因為害怕遭受其他猴子的攻擊。

我們是否思考過這些問題，在我們從小到大成長的環境裡，我們是否接受到原生家庭給我們的一些設定，或是我們因為過去心裡受了傷，我們開始產生了一些執著，又或者我們在心裡產生了一些定見，這些定見其實都是由別人所帶給我們的。這些設定、執著、定見對我們帶來不少影響，每當周遭的關係人傳遞給我們觀點、行為或是期待，都會引發我們強烈的情緒，這些情緒可能是難過、可能是失望、可能是沮喪、甚至可能是恐懼……究竟我們怎麼了？我們有沒有好奇過，為什麼我們會有這些情緒反應？它到底是怎麼來的？如果延伸到最原始的事件，它是為何而發生的？它們存在我們身體裡多久了？為什麼會有這些感受？

這些問句，需要透過好奇與自我對話的探索過程，我們先去察覺這些關鍵點在哪，當我們察覺出這些源頭的發生點，再重新去定義解讀後，其實我們可以讓人生過得更美好。

之前看到蔡依林一篇深度訪談影片，讓我特別有感。她說，過去的她其實過得不快樂，大家或許納悶，她不是樂壇天后嗎？有名有利又多金，為何她會不快樂？實際上我也跟大家一樣感到驚訝！她說有一次拍攝ＭＶ時，需要看著鏡子，並對鏡中的自己說：「加油，辛苦了！」在那個當下，她看著鏡中的自己，卻感覺到陌生，心裡對自己的問句卻是：「妳快樂嗎？」但心中的回覆卻是：「我不快樂！」她說，過去的自己，總是在滿足別人的期待下過活，突然發現不知道自己生活的目的是什麼，雖然擁有眾多粉絲，每位粉絲都說她好棒、好漂亮，可是她卻找不到自己。

她怎麼了？她失去了自己。她似乎一直活在滿足別人下成長，過去她最在意就是網路上對自己的言論，每當有酸民寫下批評的留言，都令她覺得難過，由於她太在意別人的目光，看到這些語言都讓她覺得好不舒服，期許自己能夠去滿足這些酸民，而後她又開始不自覺到處去比較，曾在手機上看到某位女明星身材比例完美，馬上跑去問專業健身教練，該如何訓練才能把比例練得這麼完美、這麼漂亮？接著又懷疑女明星不可能每張照片都如此好看，一定要滑手機繼續找，肯定有照片是不好看，非得把它找出來不可，想證明女明星其實沒有那樣完美。就在那個當下，她開始覺察自己，做這些動作跟外面的酸民有何不同，自己是不是也變成別人生命中的酸民？她開始重新去定義自己的這些行為，重新對自己有更深一層的對話與認識，發現慢慢找到生命中內心的力量，她終於可以開始不在乎世俗的眼光，也開始接受自己的不完美，從生命中找到支持自己最大的力量。

透過對話幫助別人，卻提升自己內在力量

這麼多年來透過與別人對話，我發覺一件事：人生只有一遭，本質是來享受的，但多數人卻在生活中受苦。這些來諮詢的人，他們所困擾的人生問題幾乎都離不開：感情、健康、關係、工作、家人等等，當我在協助他們處理這些問題時，發現原來這些人生課題，部分也是自己的人生問題，透過他們，好像在處理自己的問題。有好幾次，我都特別有感觸，今天來跟我諮詢對話的人，彷彿是老天派來的，想要讓我看懂某些事情，似乎在提醒著我，我該怎麼做可以變得更好，在我腦中似乎又解開了某些糾結。

隨著這樣的循環，我希望在對話過程中，能夠更深入地提供為他人解決問題的能力，我開始進入閱讀的領域，藉由書本去尋求更多知識，進而給予他人力量，我

發現在這樣的狀態裡，自己進入了更深層的自我對話，隨著對話諮詢的人越多、閱讀的書籍越多，自我對話也更加深入。這個循環變成一個自我提升的能量場，不知不覺內心力量也隨著提升了，回首過去，看看半年前的我、一年前的我，覺得似乎變得不一樣了！感到內心變得更強壯，便能夠對抗外在紛紛擾擾的世界；透過對話來提升自己的能力，內在力量越強大，感覺自己變得舒服開放、淡然，越來越不受世俗的觀點所困擾，當心無旁鶩後，更能專注在人生目標上。

用對話去連結生命力

此時此刻，我們靜下心思考一下，聆聽一下自己的內心：若我們人生有煩惱，內心是否會出現一位能分擔解憂的人選，讓我們迫不及待想找他對話？如果有，那一定是位充滿正能量，讓我們相當信任與欽佩的人；又或者相反過來，在我們身邊的家人與朋友，當他們有困擾時，我們會是他們最想對話的第一人選嗎？

對話這麼多年來，在學習的路途上，很榮幸陸續認識許多優秀的國際心理諮商講師。記得剛認識他們的樣子，跟現在相比，彷彿天壤之別。當時的他們，帶著以往的習氣，缺乏自信，透露著對於生活的無奈與抱怨。可是這麼多年來，他們大量落實與人對話後，他們的眼神已截然不同，眼神透露出自信的光芒，舉手投足都散發著感恩與愛的能量。我發現跟他們對話過的人，彷彿就有股幸福的電流，傳遞在他們的生命之中，這感覺好特別、好真實，最重要的是他們在與人對話的過程中找到自己的人生目標，並朝向它邁進。

我們有人生目標嗎？我們的人生目標是什麼？我曾經在對話過程中，問對方這個問題，當然大多數人都回答：「有啊！想賺很多錢，把人生過得沒有壓力，這就是人生目標。」如果說我們受到上天的眷顧，銀行存款已經有三億、五億、十億了，接下來的人生目標會是什麼？我們有沒有省思過這個問題，當然有人會半開玩笑回答：「我的人生目標就是把這個三億、五億、十億花完！」那當然沒問題！但我在意的是，當不再有生存壓力後，我們的生活重心會是什麼？會不會我們的生活重心就此不見了，接下來人生的意義又是什麼？這才是我更在意、更擔心的事，這些我們曾思考過嗎？我們可以試著去與人對話，因為在對話的過程中，我們會逐漸發現自己的價值，找到我們對人群的貢獻感，當我們接收到別人滿滿的回饋與感謝時，我們會開始得到別人大量的正向關注，在這循環裡，會不斷增加自我的內在力量。

去與人對話吧！
相信我，這一切的化學變化，一定會讓自己變得很不一樣。

作者簡介／

成長於複雜困苦的環境下，從挫折、失敗中學習經驗，豐富人生。只有自己能救自己。即使前方的路再坎坷，只要還活著就有希望。

當自己能看懂自己，能輕鬆自在、勇於去面對所有的人、事、物時，內心就越強大、越無懼。凡事一步一步穩紮穩打、問心無愧，真正的做自己，讓我的人生與生命變得更有價值、更有意義了。

在往後的生活裡，希望能透過自己的所學及專業去分享去幫助、影響更多的人。每個人的生命都是有價值的，創造屬於自己的人生舞台吧！我們都是獨一無二，誰也無法取代的閃耀之星。

從關係走向人生目標

文／**柳雅雯**

我們生活中深陷於各種關係，而造成人生的困擾與痛苦。
其實人生一切的根源，不在家庭關係和人際關係裡。
最重要的，是自我關係。

自己和自己的關係決定了所有外在的關係

我是一個非常不會處理關係的人。

在一個複雜的家庭關係中長大，我更不敢奢求有人生目標，所有的關係讓我的人生非常痛苦、讓我覺得人生無趣，總覺得自己活著沒有意義沒有價值。我曾經想結束自己的生命，但卻沒有勇氣。原來在我的生命裡，完全沒有最重要的自我關係，也就是沒有自己。

在我的生活裡，永遠都是媽媽說的算。我沒有發言權，也什麼都不用去想，只要聽話照做，讓媽媽滿意就好。只要我聽話，我要什麼就有什麼。

但是對我來說，不能做自己是一件多麼痛苦的事情，自己就像是個魁儡或是玩偶任人擺佈。曾經也有朋友說：她羨慕我，如果只要聽話照做，就什麼都有，她想跟我交換。對我來說，表面上看似很好，但是我相信不能做自己，絕對不是每個人可接受的。

我們把時間精力全用在「維護」外在關係上，而忽略和忘記了一個更根本的，決定了其他所有關係的關係：那就是自我關係，自己與自己的關係。

如果把人生比喻成一顆大樹，那這個大樹的根就是自我關係，決定了人生這顆大樹能否枝繁葉茂。

自己和自己的關係決定了所有外在的關係！

看起來的外在衝突，其實是內在衝突的演變和延伸。

看起來是和別人過不去，其實根源是和自己過不去。

所以，人生一切的根源在於看懂自己與自己的關係，只要越懂自己，就能不受關係控制。就像我自己，我花了35年的時間才開始懂自己與自己的關係，目前還是不斷的在加工與調整，畢竟35年的習氣及慣性，不是一天兩天就能改變的，也不是三言兩語就能說完的，還是要靠自己去察覺後調整。

這四年來，我不斷的與人對話，在對話的過程中發現，大部份的人都在維護外在的關係，去迎合討好他人，而忽略了自己或是忘了自己。當局者迷，旁觀者清。能在對話中讓大家來重新看看自己，對我來說，是件非常有價值和有意義的事。

我最近認識了一位朋友來找我對話，想透過人生使用手冊找出自己為什麼無法睡覺。他在各種關係上非常的受傷，這四年來，都要靠吃安眠藥來幫助自己入睡，他現在什麼都有了，但是就是無法睡覺讓他很痛苦，也不敢尋找另一半。

他說，四年來學會了一個技能：學會和「孤獨」好好相處，因為世界上沒有人可以陪你走一輩子。

在與他的對話過程中，其實還蠻心疼的。雖然我無法感受他無法入睡的痛苦，但是可以感覺得到，他渴望、也希望能遇到愛他的人出現。他說，曾經因為愛人讓自己很受傷，所以他不再敢去愛人，但希望有人能來愛他，這是他的人生目標。

與他的對話讓我看到，即使關係再痛苦，也是可以追求人生目標。

我們如何找到人生目標

有句話說：「有目標的人在奔跑，沒目標的人在流浪。因為不知道要去哪裡。」在與人對話的過程中，多數人都很迷惘，不知道自己要做什麼、能做什麼？完全沒有方向。所以我會透過他們的人生使用手冊，告訴他們自己本身就擁有的特質與天賦，在與他們對話過程中，給他們一些建議並協助找出方向。你要知道自己該往哪個方向走前，我們要先來定義什麼是人生目標。

目標就是意義。

一、人生有目的，生活有意義

我們能在世上存在是有意義的。我覺得，要真的找到人生目的，才會覺得自己開始真正活著。因為人生有目的就有希望、有未來、有夢想。人總是繁忙，是因為什麼都想要；之所以茫然，是因為不知道要什麼。人要有所作為，生活就必須有重點。找到真正值得追求的人生目標，意味著明白活著是為了什麼。清楚在人生路上該朝哪個方向走，知道一生應該致力於什麼，而不是過一天算一天，這樣生活才會有意義。

想想，在生活中，什麼能驅策你不斷前進？是夢想、信念、工作、金錢、家人……如果不知道該怎麼找，那就多去體驗不一樣的人生。多去冒險，多去嘗試，多去做夢，多去閱讀不一樣的人生經驗。這，只有靠我們當事人，自己去尋找答案了。

就像前面所說的，我不敢奢求有人生目標。所以老天爺在我人生跌到谷底時，給了我一個活下去的目的，就是要我為肚子裡的小生命而活著。小生命的到來，不但讓我重新思考反思，我自己存在的意義，以及開始有明確的人生目標。

二、知道人生目的，簡化你的生活

你會做決定、安排時間或運用資源。

規劃簡單明瞭的行程表，照表操課讓生活型態更簡單。像我現在的生活時間規劃，都是以我的小寶貝為主，只要做好決定，安排好時間，每天只要照表操課去執行，其實生活也可以是簡單化。

三、知道正確的人生目的，讓人生更加專注

人生有正確的目標，那就會集中精力在最要緊的事上，辦事就有效率。

因為要有所作為，便要專注！只專心做真正要緊的事，那人生是大有機會能改變一切的。我現在的生活雖然非常辛苦，但是還是要專注去處理最要緊的事上，不能停。但心也不能亂、不能慌，真的只有專注並活在當下，不但會改變一切，好事自然就會發生。

四、知道你的人生目的，生命才有動力

目的往往帶來熱忱，沒有任何東西比清晰的目的更有動力。

真的是如此！我自己的生命動力就是我的寶貝女兒，連周圍的朋友們也都這麼說，女兒給了我生命的動力，雖然為了生活，無論多辛苦，我就是持續不斷的往前走。

五、確定你的人生目的，預備去面對

確定了目的，就開始行動吧！

把自己確定的目的明確寫下來，再分輕重緩急，一個一個去執行。既然確定了，真的就要動起來了。勇敢的跨出，開始行動吧！

作者簡介／

人人都渴望「幸福」，有的人從金錢裡尋找幸福，得到了很多的錢，但這就是真正的幸福嗎？想從工作裡尋找幸福，卻得來一身的煩惱；從感情中尋找幸福，但有時卻不如所願，我們用盡各式各樣的方法尋找幸福，但幸福到底是什麼呢？

幸福沒有絕對的答案，關鍵在於你的「態度」。自己沒有看懂，其實幸福早就在你身邊，自己卻沒用心去感受。眼睛只往外看，永遠想督促和指責對方，卻忘了去感恩和感受，只要多一份感恩的心，你就可以感受到幸福的存在感。

擅於抓住幸福的人，才懂得什麼是幸福！

幸福到站了 1

文／劉雅菱

每個人對於「幸福」的定義都不同，想追求的方式也不一樣。

你們認為幸福是什麼？

有的人認為，可以看自己喜歡的書、聽聽音樂、追劇、吃美食或是睡個美容覺，可以做自己想做的事，這就是一種幸福。而有的人認為，幸福就是有家人、朋友們的一句關心、讚賞、鼓勵的話。一句「你真的好棒」、「你做得真好」，這也是一種幸福的力量。

也有人這麼想，幸福就是追求金錢、權利、地位，於是他們為了這些，而明爭暗鬥、勾心鬥角，放棄陪伴家人的時間，雖然得到夢寐以求的權、名、利，但又有多少人是真的幸福呢？

要得到幸福，真的很難嗎？其實幸福很簡單！

幸福從起航開始

日前有位在竹科上班的會計師找我諮詢。

會計師：「為什麼我一直沒有辦法升職？我覺得我什麼事都做得比別人好，而且主管也知道我的能力比他好，怕我搶了他的職位，所以遲遲不敢幫我升職。」

我：「我相信你的能力非常好，但也請你相信，每個主管遇到一個能力很好的部屬，一定會不吝嗇重用和讚賞的。關鍵在於你的言行舉止態度，卻讓他怯步了。」

會計師：「確實，有時自己的態度會讓對方害怕，什麼事都想跟別人比較，常常過得很不開心、很辛苦。」

在生活中很多時候，我們總想要跟人家比較；我的能力有沒有比較好，薪水有沒有比較高，不知不覺中，一切的比較轉變成內心的競技場，漸漸的，我們內心就不快樂了。然而真的比贏了，我們心裡真的感到幸福了嗎？是真幸福？還是假幸福呢？

每個人看似都在追求皮膚以外的外在幸福感，我們真的懂得什麼是真幸福嗎？我們往往沒有好好用心的去感受往內看，幸福本來就一直圍繞在身邊。我們在面對問題時，當下的情緒所產生的生氣、害怕、甚至無理，是不是總是用言語去指責對方、恐嚇對方，甚至是情緒勒索對方，卻沒有好奇對方為什麼這麼說、這麼做？也不願去傾聽對方想表達什麼，最後幸福就這樣被自己悄悄的推開了。

最終，我們要先回到源頭，也就是「自己」。必須去了解自己，面對自己所有的情緒來源，看懂它、去調整它，我們就可以航向幸福了。

轉角遇到的，是「愛」還是「礙」？

生活中會遇到許多問題。當我們走到轉角，會是遇到「愛」還是「礙」呢？

每個人的大腦，出生後原生家庭帶給我們的觀念，還有成長過程中的點點滴滴，期間，持續不斷灌輸給我們思維和行為模式，成為自己現在的習慣。想要改變這樣的習慣，不是寫在紙上哪些要改變，就能輕易改變；而是要直接進入大腦，將思維直接重新設定後，同時更新。

當一件事情來臨時，大腦接受了到訊息，我們用什麼樣的信念來面對、解決？提供以下六個觀點進行改變：

一、見解：「觀功」或「觀過」

什麼是「觀過」？就是在第一時間看到別人的缺點；而「觀功」，就是看到別人的優點。當一件事情來臨時，你是用「觀功」還是「觀過」呢？

你還記得自己的男友、女友、老公、老婆或好朋友的生日是什麼時候嗎？記得前幾天一位朋友很氣憤的跟我說：

「我的男友很過份耶！」

「怎麼啦？到底發生什麼事讓妳那麼生氣？」

「他忘了和我在一起的紀念日了。」

「那他之前都會記得嗎？」

「會呀，而且都會給我意外的驚喜，但這次卻忘了，我超生氣也很難過。」

「或許他可能是工作忙所以忘記了，他過去每年都會記得你們的紀念日啊！」

回想看看，在這樣的事情發生時，很容易會讓情緒來影響我們的思緒，當下只會看到對方的缺點，卻忘了他的優點、他的好。

人就是這樣，他對妳百次的好，妳容易忘記，一次的不好，卻抹殺了所有！人們時常指責他人所做錯的事，而對方做對的事情時，我們卻吝嗇的不去誇獎他人，我們總認為他對我好，是理所當然的事情，是他職責所在。

舉個例子：三歲的小孩會自己穿衣服，父母會誇獎他好厲害、好聰明，但一位二十歲的男孩會自己穿衣服，父母卻覺得這是理所當然，沒有什麼好誇獎的。我們也常用這樣的理論來看待他人，事情做對了是理所當然，一旦做錯了，就開始指責對方。因此，我們要去學習賞識及放大他人的優點，並且讚美他人，當他人得到激勵與肯定時，肯定他人就也是肯定了自己。

二、行為：「感恩」或「生氣」

當一件事情的發生，你的行為是「感恩」還是「生氣」呢？

87年次小茗妹妹來諮詢，她告訴我：

「在我國中的時候，染上了毒品被警察抓到，當時法官看在我是初犯，可以免除刑罰不用進去感化院，但當時我的媽媽，卻請法官讓她自己的女兒進感化院，我真的恨死我媽媽了！她為什麼要這樣對我？明明我不用進感化院的，但她卻向法官提出這樣的要求，更讓人不解的事，在這段時間她不曾來看過我，當一出感化院的時候，就立刻把我送出國，直到現在我都無法諒解我的媽媽。」

我聽完後這樣回她：「我知道這件事情讓妳很不好受，認為媽媽為什麼這樣對妳，但是我相信妳媽媽當下會做這樣的決定，她肯定是心如刀割啊！她的心裡也不好受，不是不去看妳，而是怕看到妳，會很心疼、會難過。妳仔細想想看，如果她當初不選擇這樣做，現在的妳是不是還深深陷入在吸毒的生活中？所以妳要感恩妳的媽媽，若她沒有做這樣的決定，就沒有現在健康生活的妳。」

我鼓勵她回家後，試著去了解媽媽當時為什麼這樣做的起心動念。隔了一週，我再遇見小茗，她很開心的跟我說，當天回去後她想了很久，決定打開心房與媽媽聊這件事情，媽媽說出的原因就如同我跟她說的一樣，當時媽媽會做那樣決定，是如此的心痛和不捨，若不做那樣決定，小茗是不會清醒的。她此刻才暸解到媽媽的苦心，同時也很感謝媽媽、當初的用心良苦，現在小茗和媽媽也重新建立起良好的關係。

我們時常用自己的角度去思考內心的感受，卻沒有用心去了解別人的這些行為，都是因為「礙」，只要你用心去思考及適當的溝通，才能感受到真正的幸福、真的「愛」。

三、習氣：「正向」或「負向」

你的習氣是什麼？是「正向」還是「負向」？

從小到大，我們的習氣已經根深蒂固。當你遇到事情時，你的習慣反應已經是反射行為，你是用什麼樣的觀點呢？

上個月，我的好姊妹邀請我去聽一場演講，台上講師分享了她人生最轉折的故事，就是她的兒子。你知道什麼是神經纖維瘤嗎？神經系統形成了腫瘤，會在皮下或身體比較裡面的神經區域長大，最常見的是在皮膚表面上如結節般的腫瘤。現今的他已經23歲了，當天本人也上台分享自己的生命故事。

他回想起，在國小時非常沒有自信。那時的他，全身佈滿了紅色斑點和5元硬幣大小的結塊，同學們都笑著說他：「你的皮膚好可怕唷，跟我們都不一樣。」當時，他總覺得自己像個怪物。這個病必須定期回診，在高中畢業升大學的前夕，醫生檢查到其中有一個腫瘤壓迫到他的脊椎，醫生建議必須休息，否則會惡化，所以在大學報到後的隔天，他就辦理休學，在家休息了一年後，他復學了，因為攻讀美術系，所以每天都在熬夜做作品。有一天早上，他吃完早餐後，躺在客廳的沙發上，就再也沒辦法自己起來了。家人發現後，立刻把他送到醫院，他再次睜開眼睛時，已經躺在病床上，卻什麼事也不能做。當時他的世界裡，只有天花板的正方形和病床的長方形……他問問自己：「我的人生該如此嗎？」

醫生也告訴他，開刀的成功機率非常非常小，要有心理準備，有可能會半身不遂，接下來的日子，每天檢查出來的數據，是一波又一波打擊他們的壞消息。當時他的爸媽，讓他自己決定要不要開刀：

「你的人生是應該由你自己做主，不論你做什麼決定我們都會陪著你。」

熱愛藝術的他，不願放棄自己的夢想，於是決定開刀了。他選擇用正向的信念告訴家人：

「你們放心！這一次，我一定會自己走回家。」

這樣的正面信念一直支撐著他，直到手術成功。他很感謝醫護人員的用心，感恩他家人的支持和陪伴，接下來用正向樂觀的力量，面對每天艱苦的復健，奇蹟似的四十五天後出院，他杵著拐杖勇敢的走回家了。這樣的信念兌現了當初對自己與家人的承諾，而與他同病房同病症的人，因為用負面的態度來面對生命，如今依然躺在床上。這個故事如同我們生活上遇到的難題，工作上的瓶頸、家人以及人際關係上的處理，你是用負向還是正向的觀點去看待呢？

而我們的抉擇，就在這一念之間。

四、關係：「關愛」或「冷漠」

在關係中，我們是選擇了「關愛」還是「冷漠」呢？習氣的延伸，是不是讓我們的關係定調了？想想看，與父母的關係、伴侶的關係、小孩的關係、朋友的關係，面對種種的關係，自己是不是有很多的理所當然、應該和必須？因為你在某種的習慣之下，就讓這樣的關係定調了。

有天中午我和同事在吃飯，她跟我說她昨晚氣死了：

「我等門等到很抓狂，不知道我的老公去了哪裡？等到晚上八點多他才回到家，他一回到家，我很生氣跟他說，『你要晚回來為什麼都沒跟我說啊？』。老公竟然回我說他在加班。加班！連打一通電話或是傳一個訊息的時間都沒有嗎？每次都這樣，怎麼講都講不聽，一定要惹我生氣嗎？其實，他只要跟我一聲，我都很OK，但是他卻一通電話也沒有，是有這麼難嗎？」

聽完她說的一大串，我這樣回她：

「我知道妳辛苦了，擔心他會發生了什麼事。既然妳這麼擔心他，為什麼妳不主動打電話去關心，他為什麼還沒回家呢？非要等對方打電話給你？」

「為什麼我要打電話給他？應該是他要打給我，而不是我要打給他。」

我們在關係中，常常會有「應該」和「必須」。心裡常常會想：「反正講了他也不會改，我幹嘛要理他？」然而我們卻因這樣的關係而走向冷漠。

回過頭，我們先檢視自己是否也是這樣的人，才導致這樣的關係？關係中，最重要的不是先處理別人，而是先了解自己：原來我臉臭、原來我講話很直、原來都是因為我不想聽，我都在負面思考；我是不是有過度的懷疑、計較、控制、還是逃避呢？

事實上，我們應該要先給予對方認同、尊重他人的選擇，去影響、幫助、支持對方，讓對方可以去做自己喜歡的事，練習察覺自己是不是也在用「應該」和「必須」的思維，卻控制了彼此的關係。在關係裡，我們要走向關愛還是冷漠，記得要時時刻刻的提醒自己。

五、JDI：「實踐」或「觀看」

大家有沒有聽過什麼是JDI？有沒有很好奇什麼是JDI？

JDI就是Just Do It。我來分享一下我親身經歷的故事：會接觸到東方心理學，是因為我的朋友曉燕邀約我一起來上課，當時的我對這課程並沒有興趣，所以推掉好幾次，但她還是不厭其煩的一直說一直說：「東方心理學有多好，我很難跟妳形容它有多好，在妳來上課後就知道了。」後來，我想了五天就報名了。

在學習過程中真的覺得自己越來越好，很感謝當初她的邀約，讓我接觸到東方心理學，也謝謝游老師給我機會參加講師訓的培訓。我的個性會比較焦慮、過度緊張，在每一次講師訓考試，我都會緊張到熬夜不睡覺，在爸媽的眼裡就覺得，女兒為了這個課程，把自己的生活作息都弄亂了，對這個課程產生了反感。我才發現，我變成東方心理學和爸媽之間不對的第三者。我開始去與爸媽溝通、調整自己的時間不讓他們擔心，在不影響生活的情況下，也能好好的學習東方心理學。讓父母在安心、放心的情況下，獲得他們的支持。也很感謝我爸爸和媽媽，願意聽我的分享，讓我能夠好好的讓他們知道，東方心理學對我有很多的幫助和成長。

我想，這就是在關係上最棒的實踐！因為學習是為了讓自己更好，學習後實踐才是最重要的！現在的你，有沒有什麼事，是在你的內心一直很想去做的事呢？不是只有去想，卻沒有去真正執行它！「只有採取行動的人，才能改變人生。」不是光說不練，也不是用「觀看」的，就可以得到你想要的結果，去「實踐」才能收成。

幸福是掌握在自己手中，如果你不去做，給自己找太多的理由，那麼幸福會離你越來越遠，記得用「行動力」來落實在你的生活中。

六、禮物：「幸福」或「不幸福」

有一天我出公差，一上車我聽到電台裡說了一段話：

「老天爺送給每個人生命禮物，但我們一開始收到禮物時就開始討厭它，我討厭那層包裝紙，所以我連碰都不想碰它。人生的經歷就像包裝紙一樣，當你去面對、克服，打開那層包裝紙，即使這些經歷有可能是快樂、生氣、痛苦的，這些都成為你生命的養份，當事情過後你回過頭來看，你就會發現其實那些困境也沒有什麼，原來裡面的禮物，是有多麼的棒。」

一個人想要獲得幸福的時候覺得很容易，但是加上了很多關係、情緒、言語、行為而造成了自己的不開心。我希望對方可以這樣做，因而牽制了彼此，其實幸福和不幸福，都操之在己，懂得全然支持與愛的人，才是真正幸福的人。

跨越一步的勇氣

我們每個人都嚮往自己能過得很幸福，卻無法一直一帆風順。於是，我們開始尋找幸福的感覺，因為太專注於尋找，而忘記用心去體會身邊的幸福。

今天透過這六個觀點，見解↓行為↓習氣↓關係↓JDI↓禮物，你們可以看到這個漏斗（見左圖），它是一步步的篩出自己的幸福。

我們遇到問題，有時走到正向，有時走到負向，在走的過程，可能是慢慢的走，或是跳著走，還是在同一條路重覆走。不過都沒有關係，當你往正向走的時候，很恭喜你，可以不斷的練習成為更好的自己。當你走向負向的時候，也不要慌張。接受它，然後去調整，再走回來就好，這只是一個歷程。

最重要的，要有「跨越一步的勇氣」，去接受它、面對它、改變它、一步一步的去練習、去調整，即使不是馬上就到達幸福的終點站，但肯定是會愈來愈靠近的，最後幸福就到站了。

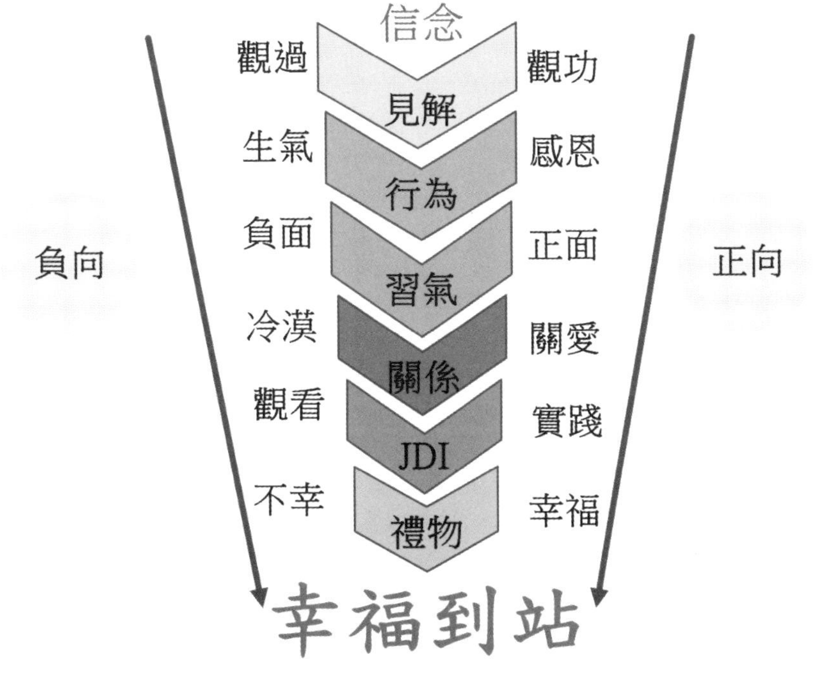

愛的祝福

一、遇到困境，用「心」面對

在人生的路上，每個人扮演著許多不同的角色，面臨許多的人生課題，面對這樣的困境時，我們往往都是用情緒和自我價值觀來解決，用眼睛去看事情，卻沒有用「心」去感受，去體會，所以試著用心去體會，結果一定大不同。

二、尊重、支持、感恩、祝福

不管是我，還是現在的你，我們在生活上、工作上、關係上，會遇到許多的考驗，如果你正陷在這樣的迴圈中，請試著用正向的思維去觀看。反觀自己的所作所為，去察覺問題的源頭，什麼是幸福？內心要有「感動、感恩」。

生活中有很多幸福的事情，我們已經習以為常、理所當然。沒有去感恩對方，所以感受不到幸福。我們的中心思想一定要有愛→因為愛→才會感恩→學會感恩，你會接收到別人的擁抱→才能感受到幸福。每天試著練習寫下三件感恩的事，你會發現在生活中每天不只有三件事情，可能五件以上。感恩多了，抱怨自然就少了。尊重他人選擇，適時給予別人支持的力量，感恩他人對你的付出，送出你的祝福。

三、幸福就在轉彎處

我們曾經都有迷失過，只要你看懂前面所講的六個觀點，當幸福有時從肯定走到迷惘，經過一番調整之後，就會再回到肯定。幸福並不難，幸福都一直在你的身邊，你可以決定幸福的模樣，遇到困難時告訴自己：「你相信什麼，你的人生就是什麼。」

其實每個人在遇到任何瓶頸時，只要轉個彎，你就可以再次擁抱幸福。幸福是10％的外在環境的優化＋90％內在正面力量的感動。

最後送給大家，珍惜身邊的人，懂得活在當下，幸福就在轉彎處，你想要的幸福就會到站了。

祝福每一位：看懂幸福，找到自己的幸福！

作者簡介／

七年級生，貨真價實的Y世代，貨真價實的高職教師，差一點就成了「被排擠的X世代」，卻是確切的「流浪教師」。喜歡教學，喜歡情緒，越來越喜歡自己。

曾在台北、桃園、新竹、南投、雲林、嘉義、和台南執過教鞭；在流浪的過程裡，經常和學生一起體會溢滿而沒有出口的情緒，竟可擴張成不可思議的網，網住了接下來的人生，沾黏無法剝除的心理絲線，限縮了個人的舒適圈，誤會了幸福距離很遠……

把框架摘除吧！接受那個被自己排擠的你，你也會喜歡自己。

幸福到站了 2

文／蕭惠文

我們今天要來談的是「幸福」。

「幸福」到底有多麼的隱晦？你看過冰山嗎？海面上視眼所見的，其實只是冰山的一角。我們真正看到的冰山，是在海平面上，只能夠被肉眼看到八分之一，既然如此，那表示下面有八分之七看不到！

隱晦的冰山一角

在教育學當中，尤其是近年來很熱門的薩提爾理論認為，一個人外在的應對方式、外在行為，就像我們看見冰山露在水平面以上的部分顯而易見。然而行為的原由來自於心理內在的感受、觀點、期待，渴望反自我，是若隱若現，是水平面以下沒有被看見的含意。

在企管學系統結構理論當中，當企鵝擁有資源、海象擁有技術，他們要一起去抓蛤蠣的合作關係，來看待行為這件事情。在共同獵食的過程中，慢慢發現，隨著海象跟企鵝兩者的數目一定越來越多，冰山可能會沉，系統的結構會破滅的。所以，除了海平面上的合作，還有一些海平面下沒有被看見的內涵存在。

此外，冰山的一角也可以用來解釋社會領域上的偏誤。在17世紀發現澳洲之前的歐洲人，只有看過白天鵝，沒看過的東西不可能存在，他們認為世界上不可能存在黑天鵝，這代表水平面上的親眼所見不能被推翻的事實，所以當他們在澳洲第一次看到黑天鵝的時候，這震撼的景象推翻所有的既定認知，短時間內蒙蔽了我們的大腦，形成認知的例外，水平面下的東西不可能存在。這時，每個人都覺得好緊張喔！這個黑天鵝到底是怎麼出現的啊？因為完全沒有人看過，所以他肯定有問題！我們一定要攻擊他！「死定了你，你是黑色的，我不會讓你有打破傳統的機會。」—這便是17世紀的社會偏誤。

上述所說之外，在通訊理論當中，有利用冰山的一角理論解釋通訊，我們現在最常用來連絡的工具就是手機！手機裡最多被使用的就是ＡＰＰ應用程式，ＡＰＰ背後有好多它的架構跟理論，就像是說海平面底下有網路的作業、伺服器的作業，還有一些我真的不懂的程式運作，但可以知道的是，我們實際上使用的ＡＰＰ可視為可見的冰山，然而應用背後所涉及的潛在知識與原理是如此廣大！

2018年年底，中國華為財務長因涉嫌銀行詐欺，違反伊朗制裁令等指控，在加拿大被羈押並被判刑，且可能於日後引渡美國。大家都說，華為公主孟晚舟的事件只是冰山的一角。

請各位在搜尋引擎上打入「冰山的一角」，出現的這張圖非常有名，並在許多領域被廣泛運用。但你知道這幅圖片是假的嗎？

很奇妙吧！這幅圖是假的，那圖片是怎麼產生的呢？它是由一位地理攝影師 Ralph Clevenger 所拍的照片，是由不同的四幅圖組成的。上面的天空，跟下面這個海水的藍色，是在一個叫做聖芭芭拉的地方所拍攝的照片，這兩個區塊都是真的！然而海平面上的這個冰山，他自己都不記得在哪裡拍攝的；圖片下面的冰山，在阿拉斯加是「真的」有這座冰山。但是，如果你有去海邊游泳的經驗，即使海水清澈，戴著蛙鏡，試問：你在水面下可以看這麼深？視野看得這麼遠嗎？

這個海底下的冰山，其實是一座在阿拉斯加拍攝的冰山，透過倒影跟放大，然後把這四幅照圖集結成現在我們所見的「冰山的一角」，在各個領域中被應用。這讓我產生了一個想法：這幅圖有沒有可能代表，我們肉眼所見，可能都不是真的？

既然是假的，那這幅圖為什麼這麼有名啊？

原來是有位行銷高手 Craig Aurness，他把這幅圖片以行銷的概念，推廣出去。原則就是：百分之十被看見，百分之九十沒有被看見。換句話說，我們現在看到的冰山「真的」就只是被創造出來的見、與不見！而這項行銷結果讓 Clevenger 賺進超過九十萬美金的收入，很驚人吧！可是對 Clevenger 來說，他覺得最奇怪的是，既然這是我創造的冰山，讓我有這麼大的收穫，**為什麼大家沒有自己的冰山？**

大家沒有自己創造的冰山，難道沒有冰山，就沒有幸福嗎？冰山跟幸福到底有什麼關聯？要回答這個問題，我想分享一下，從第一章到本章，我自己的小總結，以下是我在每個章節中得到的收穫：

梁世元——他是第一章的作者，他用情緒爆炸出了頭。

林偉盛——第二章作者，從他的文章中我節錄了一句對我來說很重要的話。他說：「真正的委屈，或是真正的世界，是沒有被看見的。」

施皇任——第三章作者，他用他跟他父母親的關係說明，愛好像失控了，然而這失控了的愛是一個沒有被看見的愛。

王楚軒——第四章作者，他說：「語言，是有聲音的思考；思考，是沒有聲音的語言。」

鄭秉鈞——第五章作者，他透過了「定義帶來意義」，以費斯汀格法則跟我們說明，所有的現象討論都是從思、言、行開始。可是，我們應該從行、言、思，反推回去。

黃冠寧——第六章作者，他透過了他跟自己孩子的實際互動「我不要！」，來解決問題，利用選擇轉換溝通行為，找到原因，最後他說：「如果你看事情只選擇用A的方式，你只會看到A的風景。」

何曉燕——第七章作者，她是一個好奇寶寶，我們換一個角度看事情的時候，我們看到的所有現象都會不同，所以她用盲人的角度說：「Today is a beautiful day, but I can't see it. 今天很美，可惜我看不到。」來引起看得到的別人的共鳴。

黃世鑫——第八章作者，他透過透過跟別人交談，以及聆聽，他的收穫是甚麼？透過他所傳達的，他說明了一個很重要的議題：這是你的人生，而你的人生，不是誰的舞台？是你自己的舞台。

陳駿逸——第九章作者，他讓我們思考，我們一直以來都不斷地接受外來的眼光，成了自己的限制，就像過去，蔡依林透過別人眼光來認定他自己的時候，他心裡面是有一些些受傷的，甚至別人的眼光讓蔡依林產生負面的情緒。

柳雅雯——第十章作者，她看見了她自己跟自己的關係。

劉雅菱——第十一章作者，她告訴我們：當我們可以跨越愛／礙的觀點，可能是愛，或是那個障礙的觀點，那我們是不是真的可以看見幸福？

幸福，其實融會在我們討論的每一個觀點裡：從行為對應到感受（情緒）應證觀點及其所代表的價值觀反應到我們對這件事的期待透過歸屬看見我是誰。

讓我用一個在學校發生的實際例子來說明。在學校裡，若學生想更深入學習課程中的某一個主題，或是某個不在課程編制內的內容，學生會私底下提出要求：

「老師，你可以利用放學的時間教我們嗎？」通常老師都會秉持著教育的熱忱，和教育愛而答應。

在一次非預定的加課計畫中，老師想跟學生確認出席的名單，於是在群組裡發出了這樣的訊息：

星期一參加晚自習，請於下方報名接龍複製貼上，並加上自己的姓名。

1.蕭惠文

老師星期天一大早就發了訊息，到了下午三點，有十個人「已讀」了這個訊息，可是沒有得到任何回應，於是老師私訊給小老師問：

「是不是你們看不懂？不然，怎麼都沒有人回應？」結果，小老師仍選擇「已讀不回」。隔天早上，老師把小老師找過來，想知道告知重要的事情卻沒有任何回應的原因，這關係到我需要知道要不要另外借教室來容納足夠的學生？小老師回答：

「喔，阿我想讀就讀，不想讀就不讀，我覺得你做這件事情的行為，真的很蠢。」當下，老師的情緒馬上反應，並且生氣的大聲說：

「你現在是告訴我，詢問出席名單是多餘的行為嗎？你都沒有想過，如果空間不夠，我們是需要另外借教室的嗎？」

老師當時的感受是：我覺得好委屈唷！我幹麻要這樣？我私人的時間為他們提出的要求而付出，還不被珍惜，憑甚麼呢？

原來，老師也期待學生的回應，期待從學生身上找到歸屬感，並期待學生最基本的尊重，因為代表權威，我是個人，需要鼓勵！

原來，「老師」在權威上面的價值沒有辦法被忽視。原來，老師不只用了老師這個角度在對學生說話，可能還附加了我過往曾經有的經歷。

英國知名歌手愛黛兒 Adele，她唱歌很好聽，嗓音很渾厚，當她名氣逐漸響亮的時候，有人跟她說：「妳應該要減肥。所有的歌手，都是很瘦的。而且，妳唱歌的時候，應該要穿高跟鞋。」

愛黛兒回：「我是歌手。人家是來聽我唱歌的，不是來看我的身材或是穿著打扮。」

她每次只要站上舞台，就先把高跟鞋脫下來，然後在台上自在的走來走去，唱著她的歌。她很自在，非常自在。就像是以真實的「我」的面貌字再的面對每一個人，愛黛兒真誠擁抱真實的「我」，是非常勇敢的事，就像「完美的我」和「真實的我」總有一段差距，如同蔡依林在《我》這首歌的歌詞所表達的擔憂。

當退去光鮮外表　當我卸下睫毛膏
脫掉高跟鞋的腳　是否還能站得高
當一天掌聲變少　可還有人對我笑
停下歌聲和舞蹈　我是否重要
我鏡子裡的她　好陌生的臉頰
哪個我是真　哪個是假
我用別人的愛定義存在　怕生命空白

卻忘了該不該讓夢掩蓋當年那女孩
假如你看見我　這樣的我
膽怯又軟弱
會閃躲　還是說　你更愛我

當一天舞台變小　還有誰把我看到
莫非是我不夠好　誰會來擁抱
我鏡子裡的她　好陌生的臉頰
哪個我是真哪個是假
我用別人的愛定義存在　怕生命空白
卻忘了該不該讓夢掩蓋當年那女孩
假如你看見我　這樣的我
膽怯又軟弱
會閃躲　還是說　你更愛我

我怕沒有人愛 不算存在 生命剩空白
卻忘了我應該誠實對待當年那女孩

假如你看見我 這樣的我
窩在個角落
會閃躲 還是說 你更愛我
會閃躲 還是說 你更愛我

我每一次聽這首歌，心裡都有好多好多的感觸，因為對我來說，或許每一個正在讀這篇故事的人來說，我們在追尋的都是：被別人看到自己、被別人接納的自己，即便是卸下面具真誠的、任性的、脆弱的自己，有沒有可能當我意識到這份恐懼的時候，我真的離幸福好遠好遠？

幸福的模樣

幸福到底長什麼樣？

那畫面，有誰？嘗起來，是什麼滋味？

你有沒有為自己刻畫幸福的畫面與滋味？每一個人的答案，真的不一樣。

我曾經查過字典、看過書、訪問過別人，不論答案是什麼，我都沒有得到滿意的答案。我一直到很後來，才真的發現最關鍵的問題：幸福的模樣，是誰定義的？

是自己。

海明威在知名著作《老人與海》中的寫作方式很特別，創作理念是：「小說中的人物不是靠技巧和想像編造出來的角色，他們必須是出自作者經過融會了的切身體驗，引導讀者，結合自己的經驗，幻影自身記憶的想像。他的知識、他的頭腦、他的想像，出自一切他身上的東西。」當他描寫鬥牛士被牛頂傷，他不是描寫鬥牛士有多麼疼痛，而是著重在描寫陽光透過鬥牛士的大腿骨反射出搶眼的陽光，讓讀者自己感受，用自己的每一分過往經驗感受。那一根白色的骨頭清晰的反射出被太陽撕裂的刺骨的酸楚，「我」親眼看見骨頭的斷裂，連呼吸都能夠感覺空氣從每一個骨縫中流逝。海明威認為，冰山下的不可見直接反應我們的理解，成就了冰山的厚實。

《我》一直都是我好喜歡的一首歌。歌詞告訴我，幸福的模樣是別人定義的，因為我怕真實的我不能被接受，因為我心中有很多不被接納的恐懼，因為真實的我，厚實的不可愛。然而，誰是給你幸福的那個人？是自己嗎？

既然如此，幸福該怎麼做？

我提供兩個對我很有幫助的方法。第一個，看見情緒底下的真實原因，我們的情緒會爆炸。然而情緒，是壞東西嗎？

情緒有好有壞，什麼時候好？什麼時候壞？事實上，情緒存在於小腦，被外界相關的引爆點觸發才會啟動。情緒是一個警戒，具有自我保護的功能，當別人太過介入你的生活，當別人太過入侵，當自己劃下的界線被過度的擾亂，情緒就會爆炸。然而，需要注意的是，情緒的表達，跟情緒的爆發，是兩件事。

前面提到的接龍事件，大約過了兩天，當老師情緒緩和下來之後，老師把學生找過來，告訴他：

「你知道嗎？那天你回答老師的方式、使用的語言、說話的態度，讓老師覺得你似乎不需要老師為你們付出。你讓老師覺得很沮喪，是不是你想讓老師知道，其實老師做這些都是沒有必要的，都是白費的？是老師自作主張，而你們其實根本不需要這些額外的幫助？」孩子想了一想說：

「老師，是我不對，我沒有想到有借教室的需要，也沒有想到你也需要我的鼓勵。」

原來，情緒是可以被照顧、被保護的，在護不住的情況下，立刻爆炸出的情緒，對雙方都是傷害。所以我們要學會辨識自己的情緒是什麼？然後選擇用攻擊以外的方式，讓對方真的知道，我們被入侵了的感覺與內容，原來我們學會表達情緒的內容，是保護自己的界線，讓這個界線可以仍然安安穩穩的守在那。這是第一個我學到的方法。

第二個，擴張自己的安全界限。如果我今天的界線很小，就像是把食指對食指、拇指對拇指圈起來這麼小的範圍，那在這個圈圈裡面移動的時候，就會很容易撞到、很容易受傷，所以很容易會有情緒。

可是當我們把舒適圈擴張了一些，空間就變大了，在這個空間裡面移動時，就不會再覺得那麼容易撞到，也不那麼容易受傷。既然如此，當情緒發生的時候，表示我的界線被觸碰到了，我會回頭問我自己，原因是什麼？僅之是因為舒適圈太小，還是因為我內心的冰山被碰撞？我該如何調整？我該如何表達？

回頭看看老師和學生的故事，老師覺得權威被挑戰，而不能接受！並不是學生真的做了一個什麼天大的壞事。跟學生一點關係都沒有嘛！

如果你是這位老師，內心沒有對權威的絕對認定，你可能不會這麼生氣，於是，當事件發生時，自己便可以知道，這是因為我自己的空間很小，與他人無關，當老師跟學生互相給反饋，這讓師生之間的空間好像大了一些，老師更了解學生一點，學生也更了解老師一點，空間大了一點，那不愉快的感覺自然就減少了一些，慢慢的就會覺得自己是安全的，當你是安全的，那你就會很容易發現並感受到幸福。

最後，我的一位好朋友曾經說，他的人生中有過一段很不幸福的時間，可能是感情的結束、親人的離去、工作的不合理待遇……如同你和我曾經共有的經歷，當他調整了自己，開始覺得幸福時，有一次當蟑螂對著他飛過來，他竟然覺得：「這蟑螂長得好可愛喔～」

這就是幸福。藉由心中的無懼，反應在現實生活中，所有現象都是可愛的。所有曾經生活中看見的恐懼，藉由冰山浮出水面，讓你有機會去調整並接納水底下的感受、觀點，期望渴望與自我，將若隱若現明確的透過對話而擴張自己的空間，讓自己更自在、更從容的感受，每一個當下的時刻。

祝福你有一天，當蟑螂對了你飛過來，你也會懂這樣的感受並摸摸牠的頭說：

「謝謝你把幸福帶來給我。」

打破情緒框架，世界為你讓路：

從失控關係中學會對話的力量，幸福終究會到站

作　　者／梁世元、林偉盛、施皇任、王楚軒、鄭秉鈞、黃冠寧、何曉燕、黃世鑫、
陳駿逸、柳雅雯、劉雅菱、蕭惠文
總 策 劃／游祥禾
美術編輯／申朗設計
責任編輯／華 華
企畫選書人／賈俊國

總 編 輯／賈俊國
副總編輯／蘇士尹
行銷企畫／張莉榮・蕭羽猜

發 行 人／何飛鵬
法律顧問／元禾法律事務所王子文律師
出　　版／布克文化出版事業部
台北市中山區民生東路二段 141 號 8 樓
電話：(02)2500-7008 傳真：(02)2502-7676
Email：sbooker.service@cite.com.tw
發　　行／英屬蓋曼群島商家庭傳媒股份有限公司城邦分公司
台北市中山區民生東路二段 141 號 B1
書虫客服服務專線：(02)2500-7718；2500-7719
24 小時傳真專線：(02)2500-1990；2500-1991
劃撥帳號：19863813；戶名：書虫股份有限公司
讀者服務信箱：service@readingclub.com.tw
香港發行所／城邦（香港）出版集團有限公司
香港灣仔駱克道 193 號東超商業中心 1 樓
電話：+852-2508-6231　　傳真：+852-2578-9337
Email：hkcite@biznetvigator.com
馬新發行所／城邦（馬新）出版集團 Cité (M) Sdn. Bhd.
41, Jalan Radin Anum, Bandar Baru Sri Petaling,
57000 Kuala Lumpur, Malaysia
電話：+603- 9057-8822　　傳真：+603- 9057-6622
Email：cite@cite.com.my
印　　刷／卡樂彩色製版印刷有限公司
初　　版／ 2020 年 10 月
定　　價／新台幣 300 元
I S B N／ 978-986-5405-24-3

城邦讀書花園 布克文化
www.cite.com.tw WWW.SBOOKER.COM.TW